Hans-Joachim Remmert

Das große Werkbuch
Fastenzeit und Ostern

Hans-Joachim Remmert

Das große Werkbuch Fastenzeit und Ostern

Mit Bildern von Jörg Seemann

Mit CD-ROM

FREIBURG · BASEL · WIEN

Die Bibeltexte sind entnommen aus:
Einheitsübersetzung der Heiligen Schrift
© 1980 Katholische Bibelanstalt, Stuttgart

In wenigen Fällen ist es uns trotz großer Mühen nicht gelungen,
alle Inhaber von Urheberrechten und Leistungsschutzrechten zu ermitteln.
Da berechtigte Ansprüche selbstverständlich abgegolten werden,
ist der Verlag für Hinweise dankbar.

© Verlag Herder GmbH, Freiburg im Breisgau 2011
Alle Rechte vorbehalten
www.herder.de

Umschlaggestaltung: Finken & Bumiller
Umschlagmotiv: aus der Reihe »Kreuzmeditationen«
© Jörg Seemann

Satz- und CD-ROM-Gestaltung: SatzWeise, Föhren
Herstellung: fgb · freiburger graphische betriebe
www.fgb.de

Gedruckt auf umweltfreundlichem, chlorfrei gebleichtem Papier
Printed in Germany

ISBN 978-3-451-34201-1

Inhaltsverzeichnis

Vorwort 6

Jetzt ist die Zeit der Gnade
Gottesdienste von Aschermittwoch bis 5. Fastensonntag 7
1. Bußgottesdienst – Meine Zeit 8
2. Jetzt ist die Zeit der Gnade – Aschermittwoch 15
3. Mitte-los? – 1. Fastensonntag 22
4. Geh in das Land, das ich dir zeigen werde! – 2. Fastensonntag . . 29
5. Ich werde vor dir stehen! – 3. Fastensonntag 36
6. Gott schaut auf dein Herz! – 4. Fastensonntag 44
7. Ich werde eure Gräber öffnen – 5. Fastensonntag 51

… und schaue ins Leere
Kreuzweg und Kreuzmeditation 59
8. Lieben und Leiden – Der Dagersheimer Kreuzweg 60
9. Kreuzmeditationen 86

Hinter dem zerrissenen Vorhang
Gottesdienste von Palmsonntag bis Ostermontag 133
10. Der ganz andere König – Palmsonntag 134
11. Das Brot, Schatz meines Lebens – Gründonnerstag 141
12. Karfreitag 153
13. Stark wie zwei! – Osternacht 162
14. Maria von Magdala, Apostolin der Apostel – Ostersonntag . . . 174
15. Aufstehen zur Auferstehung – Ostermontag 185

Vorwort

Der tiefste Anlass, dieses Buch zu schreiben, ist die nun über bald drei Jahrzehnte währende Auseinandersetzung mit dem Kreuz: Warum musste Jesus sterben? Warum war das Kreuz notwendig? Wie kann ich dieses fürchterliche Folterinstrument als Heilszeichen verstehen?

Im Laufe dieser Auseinandersetzung wurde mir immer klarer, dass das Kreuz Jesu nicht eindeutig bestimmbar ist. Wer es eindeutig festlegt, nimmt ihm sein Geheimnis, nimmt ihm seine – aus meiner Sicht – gottgewollte Vieldeutigkeit.

Mit dem Künstler Jörg Seemann stehe ich seit dem Jahr 2001 im künstlerisch-theologischen Dialog. Seine Bilder haben mich in meinem theologischen Denken befruchtet. Dafür danke ich ihm herzlich. Der Kreuzweg und die Kreuzmeditationen sind daraus erwachsen. Sie bilden – wenn man so will – das inhaltliche Herzstück dieses Buches. In ihnen dokumentiert sich die Vieldeutigkeit des Kreuzes.

Die Gottesdienste zur Fastenzeit sind meinem pastoralen Tun in der katholischen Kirchengemeinde Dagersheim/Darmsheim erwachsen. Herzlichen Dank der Gemeinde, die mich immer wieder inspiriert und ermutigt, die auch manche Versuche und Experimente mitgetragen hat.

Die Predigten habe ich bewusst zu den alttestamentlichen Lesungen geschrieben, weil ich selbst eine große Liebe zum Alten Testament habe, weil andererseits nur selten zu diesen Texten gepredigt wird.

Nach 20 Jahren als Pastoralassistent und Pastoralreferent in der Diözese Rottenburg-Stuttgart, der immer leidenschaftlich gerne gepredigt hat und dies auch heute noch mit ungebrochener Leidenschaft tut, bin ich allen dankbar, die mir das Predigen ermöglicht und mir immer die nötigen Freiräume dazu gewährt haben.

Herzlich danken möchte ich zuletzt meiner Familie, die mich bei allem pastoralen Tun stützt und stärkt. Meiner Frau Silke, meinen Kindern Hannes, Nele und Meike sei dieses Buch gewidmet.

Dagersheim/Darmsheim, 22.8.2010

Hans-Joachim Remmert

Jetzt ist die Zeit der Gnade

Gottesdienste von Aschermittwoch bis 5. Fastensonntag

1. Bußgottesdienst: Meine Zeit

Eingangslied: Jetzt ist die Zeit, jetzt ist die Stunde

Begrüßung

»Jetzt ist die Zeit, jetzt ist die Stunde.
Heute wird getan oder auch vertan,
worauf es ankommt, wenn er kommt.«
So haben wir es eben im Lied gesungen.
Jetzt ist die Zeit, Entscheidungen zu treffen.
Jetzt bin ich verantwortlich für mein Tun.
Jetzt bin ich als Mensch, als Christ gefordert.
Viele Situationen erfordern mein spontanes Handeln.
Viele Situationen eröffnen unterschiedliche Wege.
Ich muss mich entscheiden.
Manchmal entscheide ich mich richtig,
manchmal auch falsch.
Deshalb ist es gut,
das eigene Leben immer wieder zu überdenken,
eigene Schuld und eigenes Versagen zu erkennen,
um Vergebung und Versöhnung zu bitten.
Dazu sind wir im heutigen Bußgottesdienst eingeladen.

Kyrie

Herr Jesus Christus,
in der Taufe sind wir zu deinen Schwestern und Brüdern geworden, zu Kindern Gottes. Wir gehören zu dir. Du gehörst zu uns.
Herr, erbarme dich.

Herr Jesus Christus,
in der Eucharistie führst du uns immer wieder zusammen, damit wir zur communio, zur Gemeinschaft mit dir und untereinander werden.
Christus, erbarme dich.

Herr Jesus Christus,
im Sakrament der Buße lädst du uns ein, unsere Schuld zu bekennen und in deine vergebenden Hände zu legen.
Herr, erbarme dich.

Der gute Gott erbarme sich unser. Er nehme alles von uns, was uns daran hindert, ihm unser Leben anzuvertrauen. Amen.

Lied: Te deum laudamus

Psalmgebet: Psalm 36 (GL 736)

Schriftlesung: Jes 40, 6–8

Lied: Te deum laudamus

Meditation mit einer Sanduhr

Wenn wir nun unser Leben überdenken wollen, soll uns ein altes Symbol dabei begleiten, eine Sanduhr. Wir wollen am Anfang still werden und dieser Sanduhr zuschauen, bis ihr Sand verrieselt ist.

(Im kleinen Kreis kann man eine große Sanduhr in die Mitte stellen. In der Kirche bietet es sich an, den auf der CD befindlichen Film mit Beamer zu zeigen und evtl. gleichzeitig eine Sanduhr auf den Altar zu stellen. Während der Film, der ca. 5 Minuten dauert, schon läuft, erfolgt zunächst eine kurze meditative Einleitung und darauf könnte meditative Musik den restlichen Film begleiten.)

Still werden.
Ich unterbreche meinen Alltag
und schaue der Sanduhr zu.
Langsam rieselt der Sand dahin.
Es ist gar nicht so leicht,
den Blick auf der Sanduhr zu halten.
Sandkorn um Sandkorn rieselt der Sand dahin,
läuft die Sanduhr ab.

5 Minuten Stille.
5 Minuten Innehalten.
5 Minuten der Sanduhr nachspüren.

Meditative Musik – Film mit Sanduhr

Besinnung – Teil 1

Sprecher 1:
Die Sanduhr – ein Symbol der Zeit,
der ablaufenden Zeit.
Die Zeit läuft.
Die Schulstunde geht zu Ende.
Die Schichtsirene beendet den Arbeitstag.
Das Fußballspiel dauert nur noch ein paar Sekunden.
Der Kuchen im Backofen ist bald fertig.
Die Zeit läuft.

Sprecher 2:
Auch meine Lebenszeit läuft.
Aber ich weiß nicht,
wie viel Sand in meiner Lebenssanduhr ist.
Ich spüre nur,
dass jeder Moment, jedes Sandkorn einzigartig ist.
Die Sanduhr lässt sich nicht anhalten.
Die Zeit lässt sich nicht zurückdrehen.
Die Sanduhr zeigt mir die vergehende Zeit,
lässt mich aber auch fragen:
Was mache ich mit der verbleibenden Zeit?

Sprecher 3:
Was bewegt mich im Herzen,
wenn ich der Sanduhr zuschaue?
Wie geht es mir mit der Stille,
mit dem Moment des Innehaltens?
Lasse ich ihn zu oder ist er mir lästig?
Bin ich innerlich bereit,
mein Leben in den Blick zu nehmen;
das, was mich erfreut,
aber auch das, was mir Sorge bereitet?

Stille

Lied: Meine Zeit steht in deinen Händen, 1

Besinnung – Teil 2

Sprecher 1:
Jeder Moment, jedes Sandkorn ist einzigartig.
Jeder Lebensmoment ist kostbar.

Sprecher 2:
Gerade weil ich nicht weiß,
wie viel Sand in meiner Lebenssanduhr ist –
gerade weil ich weiß,
dass meine Zeit begrenzt ist,
genieße ich den Augenblick,
schaue dankbar auf jedes Sandkorn,
das mir geschenkt ist.
Wirkliche Freude kann nur der erleben,
der um die Einzigartigkeit eines jeden Lebensmomentes weiß.

Sprecher 3:
Wie gehe ich mit meiner Zeit um?
Hetze ich rastlos durch die Zeit?
Lasse ich mich von einem Augenblick zum andern jagen?
Genieße ich inmitten von vielen Terminen noch den Augenblick?
Spüre ich noch die Kostbarkeit eines jeden Sandkorns?

Stille

Lied: Meine Zeit steht in deinen Händen, 2

Besinnung – Teil 3

Sprecher 1:
Ein Bild von der Fußball-Weltmeisterschaft 2010.
120. Minute: Elfmeter für Ghana gegen Uruguay.
Wenn der Elfmeter drin ist,
steht Ghana,
steht erstmals eine afrikanische Mannschaft im Halbfinale.

Der Spieler schießt schwach. Der Torwart hält.
Am liebsten würde der Spieler noch einmal schießen,
den Lebensfilm zurückdrehen,
noch einmal alles anders machen.
Ein bitterer Moment,
denn am Ende gewinnt Uruguay im Elfmeterschießen.
Ein Drama.

Sprecher 2:
Aber ich kann die Zeit nicht zurückdrehen.
Der Sand läuft, ist nicht aufzuhalten.
Für jeden Lebensmoment bin ich verantwortlich.
Immer wieder treffe ich Entscheidungen,
die nicht einfach rückgängig zu machen sind.
Ich kann die Sanduhr nicht einfach umdrehen
und wieder von vorne anfangen,
so gerne ich das in manchen Situationen täte.
Jeder Lebensmoment ist eine Herausforderung.

Sprecher 3:
Wie gehe ich mit dieser Herausforderung,
wie gehe ich mit meiner Zeit um?
Bin ich mir meiner Verantwortung bewusst?
Welche Entscheidungen treffe ich für mein Leben?
Welchen Sinn gebe ich meinem Leben?
Wofür lebe ich, entscheide ich mich?

Stille

Lied: Meine Zeit steht in deinen Händen, 3

Besinnung – Teil 4

Sprecher 1:
Es gibt Momente, Stunden, Tage,
die bleiben ohne Sinn.
Es gibt Entscheidungen,
von denen ich sehr schnell spüre:

Das ist nicht der richtige Weg.

Sprecher 2:
Es gibt Entscheidungen,
die ich bereue,
weil ich selbst darunter leide,
weil ich merke,
dass ich durch mein Tun andere verletzt habe.
Wenn ich mich entscheide,
dann kann ich mich immer auch falsch entscheiden,
dann besteht immer auch die Möglichkeit,
an anderen Menschen schuldig zu werden.

Sprecher 3:
Wie gehe ich mit meiner Schuld um?
Verdränge ich sie, tue so, als wäre nichts geschehen?
Habe ich den Mut,
sie mir selbst einzugestehen,
mich beim anderen zu entschuldigen,
um Vergebung zu bitten?
Oder leide ich unter meiner Schuld,
weil ich meine Schwäche nicht eingestehen kann,
weil ich selbstverachtend auf mich herabschaue?

Stille

Lied: Meine engen Grenzen

Schuldbekenntnis: GL 59,1

Gebet

Gott,
du hast deinen Sohn in diese Welt gesandt,
um uns zu erlösen, um die Verkrümmten aufzurichten,
die Gefesselten zu befreien und die zerbrochenen Herzen zu heilen.
So bitten wir dich, Gott:
Lass uns immer wieder innehalten und still werden,

damit wir unser Leben ganz bewusst in den Blick nehmen können.
Zeige uns die Einzigartigkeit und
Kostbarkeit eines jeden Augenblicks.
Stärke in uns das Bewusstsein,
dass wir in jedem Moment für unser Leben verantwortlich sind.
Schenke uns die Kraft,
unsere Fehler und Schwächen selbst zu sehen
und andere Menschen, die wir verletzt haben,
um Vergebung zu bitten.
Zeige uns gerade dann,
wenn wir in den Sackgassen des Lebens gelandet sind,
dass du uns annimmst, wie wir sind,
auch mit allem Schwierigen und Negativen,
das zu unserem Leben gehört.
Darum bitten wir durch den,
der in diese Welt gekommen ist,
um die Menschen aufzurichten
und ihnen die Fülle und Schönheit des Lebens zu zeigen.
durch Jesus Christus, unseren Herrn und Bruder. Amen.

Lossprechungsformel

Vaterunser

Segen – Entlassung

Schlusslied: Keinen Tag soll es geben

2. Jetzt ist die Zeit der Gnade – Aschermittwoch

Eingangslied: GL 657,1–3: Ach, wie flüchtig

Liturgische Begrüßung – Einführung

(Der Gottesdienstleiter hält der Gemeinde die Schale mit der Asche vor Augen.)
Die Palmzweige, mit denen wir im letzten Jahr am Palmsonntag »Hosianna« gerufen haben, sind verbrannt worden. Nur Asche und Staub sind übrig. Der Jubel von damals ist verklungen. Auch die Faschingszeit mit ihrer fröhlichen Ausgelassenheit, mit ihren Maskeraden ist nun vorbei.
Die Asche soll uns daran erinnern, dass wir einmal sterben müssen. Das ist eine Vorstellung, die Angst machen kann. Im heutigen Aschermittwochsgottesdienst wird die Asche mit Weihwasser gesegnet, mit dem Wasser, das uns an unsere Taufe erinnert. Damit wird das, was uns Angst macht, mit dem Wasser, das für das Leben steht, besprengt.
Der Tod gehört zu unserem Leben. Wir können ihm nicht entweichen. Aber es gibt einen, der die Angst vor dem Tod besiegt hat. Es gibt einen, der zum Leben erweckt, was zu Staub und Asche geworden ist. Es gibt einen, der allen Jubel und alle Freude, die im Tod verklingen, wieder lebendig machen wird. Mit dieser Hoffnung gehen wir heute in die Fastenzeit. Mit dieser Hoffnung werden wir heute mit dem Aschekreuz bezeichnet: Am Ende wird es ein Ostern geben.

Kyrie

Herr Jesus Christus,
du hast in deinem Leben erfahren, wie schnell Jubel und Freude sich in Angst und Trauer verwandeln, wie aus Hochzeiten Tiefzeiten werden können, wie Lebendiges zu Staub und Asche wird. – Herr, erbarme dich.

Herr Jesus Christus,
dir hat die Angst vor dem nahen Tod auf der Stirn gestanden. Du hast den Schmerz und die Einsamkeit des Sterbens erlebt. Du bist durch den Tod hindurch gegangen. – Christus, erbarme dich.

Herr Jesus Christus,
du bist zu unserer Hoffnung geworden, weil Gott dich nicht im Tod gelassen, sondern zum Leben auferweckt hat. – Herr, erbarme dich.

So bitten wir dich Gott: Nimm alles von uns, was uns von dir trennt. Nimm Staub und Asche von uns und befreie uns zum Leben. Amen.

Gebet

Gott, unser Vater,
ein jeder von uns muss sterben.
Das macht mir Angst. Das erfüllt mich mit Schmerz.
Ich werde irgendwann nicht mehr da sein.
Mir lieb gewordene Menschen werden irgendwann nicht mehr da sein.
Am liebsten würde ich gar nicht daran denken,
so sehr fürchte ich diese Erfahrungen,
aber ich weiß darum, dass sie mich einholen werden.
Darum bitte ich dich:
Wenn der Tod anderer, wenn mein eigener Tod in mein Leben eindringt,
geh du mit mir und sei meine Hoffnung,
dass du die Kraft hast,
aus Asche und Staub neues Leben zu schaffen.
Darum bitte ich dich durch den,
der für mich zum Zeichen dieser Hoffnung geworden ist,
Jesus Christus, der gestorben ist und auferstanden,
der mit dir lebt und liebt in alle Ewigkeit. Amen.

Schriftlesung: 2 Kor 5, 20–6, 2

Zwischengesang: GL 165, 1–3: Sag ja zu mir

Evangelium: Mt 6, 1–6.16–18

Predigt: Jetzt ist die Zeit der Gnade

I. Die Erfahrung verrinnender Zeit
»Du bist aber groß geworden, seitdem ich dich das letzte Mal gesehen habe.« – »Ach, deine Kinder sind auch schon mit der Schule fertig.« – »Was war das einst für ein rüstiger Mann, und nun ist er so hinfällig geworden.« – »Ich habe sie der grauen Haare wegen erst gar nicht erkannt.«

Wer kennt solche oder ähnliche Sätze nicht, die insbesondere bei Begegnungen mit Kindern oder alten Menschen fallen? Gerade an kleinen Kindern wird uns erfahrbar, wie schnell die Zeit voranschreitet. Gestern haben wir sie noch in der Wiege gesehen, heute kommen sie uns schon schwankend entgegen. Gestern hat der Strampler noch gepasst, heute platzt er schon aus allen Nähten.

Wie die Zeit verrinnt, erfahren wir aber auch in der Begegnung mit alten Menschen. Manchmal sind wir überrascht oder erschrocken, weil wir spüren, wie sehr ein Mensch nach unserer letzten Begegnung gealtert ist, wie der, der gestern noch als rüstiger Tennisspieler über den Platz wirbelte, nun auf einmal mit dem Rollwagen mühsam durch den Ort spaziert.

In solchen Begegnungen wird uns manchmal schlagartig bewusst, wie die Zeit verrinnt, wie vergänglich alles ist, wie Lebensepochen vorübergehen, wie wir letztendlich dem Tod entgegengehen. Wir spüren: Jeder Lebensmoment ist einzigartig. Die Zeit schreitet voran. Ich kann sie nicht anhalten, auch wenn ich es manchmal gern tun würde: »Das war doch so schön, als meine Kinder zum Kuscheln morgens immer noch in unser Bett geschlüpft sind. Und jetzt sehe ich sie kaum noch, weil sie immer mit ihren Freunden unterwegs sind.«

II. Jeder Lebensmoment ist einzigartig
Die Zeit schreitet voran. Jeder Lebensmoment ist einzigartig. Das Aschekreuz am Aschermittwoch macht uns das in besonderer Weise deutlich.

Einerseits macht uns die Erinnerung an die eigene Vergänglichkeit erst die Kostbarkeit eines jeden Lebensmomentes bewusst. Die Schönheit eines besonderen Erlebnisses wird erst dadurch zu etwas Besonderem, indem ich um die Einzigartigkeit des Augenblicks weiß. Die Urgroßmutter, die die eigene Vergänglichkeit im Nacken spürt, weiß um die Kostbarkeit des Moments, da sie das Urenkelkind in den Händen hält.

Andererseits ist dieses Bewusstsein der Einzigartigkeit eines jeden

Lebensmomentes aber auch immer schmerzhaft. So gerne ich möchte, kann ich die Zeit nicht anhalten, kann den Moment nicht festhalten, kann nicht in der Schönheit des Augenblicks verweilen. So können sich Dankbarkeit und Trauer miteinander vermischen.

Das Bewusstsein der Einzigartigkeit eines jeden Lebensmomentes ist besonders schmerzhaft, wenn ich spüre, dass ich bestimmte Entscheidungen nicht mehr zurücknehmen kann, dass ich durch mein Verhalten eine negative Folge ausgelöst habe, die aber nicht mehr umkehrbar ist. Wir können den Lebensfilm nicht zurückdrehen. Wir können nicht einfach ungeschehen machen, was passiert ist. »Hätte ich doch, wäre ich doch … Warum habe ich nicht …«.

Manchmal können Menschen über solchem Nachdenken verbittern. Manchmal können Menschen anderen nicht vergeben, manchmal aber auch sich selbst nicht. Die Einzigartigkeit bestimmter Lebensmomente lastet dann schwer auf ihnen. Sie gehen ihnen lebenslang nach.

Ich denke z. B. oft an den Moment zurück, als meine Großmutter auf dem Sterbebett lag und ich es nicht fertiggebracht habe, sie noch einmal zu umarmen, obwohl ich ahnte, dass wir uns das letzte Mal sehen. Wie gerne würde ich diesen Moment zurückholen, um heute anders zu entscheiden.

III. Jetzt ist die Zeit der Gnade!
»Lasst euch mit Gott versöhnen! … Jetzt ist sie da, die Zeit der Gnade.« – So haben wir es von Paulus in der Schriftlesung aus dem 2. Brief an die Korinther gehört.

Jesus will uns mit Gott und mit unserem Leben versöhnen. Er will die Momente von Zerbrochenheit in unserem Leben heilen. Er will uns in die Zeit der Gnade führen. Gott ist gnädig mit uns. Gott misst uns nicht an unseren Fehlern und Schwächen. Gott legt uns nicht unsere falschen Entscheidungen zur Last. Gott allein hat die Kraft, vieles zum Guten zu führen, was wir nicht mehr ändern und bewegen können. Gott ist gnädig mit uns. Deshalb dürfen auch wir selbst gnädig mit uns sein.

Die Asche macht sichtbar, dass unser Leben vergänglich ist. Damit erinnert es uns an die Einzigartigkeit jedes Augenblicks. Damit macht es uns auch unsere Verantwortung für jeden Moment unseres Lebens sichtbar.

Das Kreuz hingegen macht offenbar, dass die Zeit nicht gnadenlos an uns vorbeirast, sondern dass unsere Zeit in Gott geborgen ist, dass jeder Lebensmoment bei ihm bewahrt ist, dass nicht die Vergänglichkeit, sondern das Leben am Ende die Oberhand behält. Jetzt ist die Zeit der Gnade.

Das Kreuz nimmt von uns die Last des Augenblicks, die Last falscher Entscheidungen, die Last der Schuld. Gott misst uns nicht an unseren Fehlern, an unserem Versagen, an unseren Schwächen. Wir müssen uns vor Gott nicht durch Leistung beweisen. Jetzt ist die Zeit der Gnade.

So will uns das Aschekreuz einerseits aufrütteln, uns der Einzigartigkeit eines jeden Lebensmomentes bewusst zu werden, so will es andererseits Vertrauen und Gelassenheit schenken: Du brauchst keine Angst zu haben. Alles ist in Gott geborgen. Jetzt ist die Zeit der Gnade.

Wenn dieses Zeichen des Aschekreuzes am Anfang der Fastenzeit steht, dann wird verständlich, was Jesus auch im Evangelium verdeutlicht: Fasten will nicht belasten, will nicht pure äußere Bußleistung sein, sondern im tiefsten Sinn entlasten, will den Menschen zu bewusstem, aber auch zu gelassenem Umgang mit seiner Lebenszeit bewegen.

Wenn ich darum weiß, dass nichts verloren ist; wenn ich keine Angst davor haben muss, falsche Entscheidungen zu treffen, dann schenkt das die Gelassenheit, die Paulus in der Schriftlesung sprechen lässt: »Jetzt ist sie da, die Zeit der Gnade.« – Möge die Fastenzeit für Sie eine solche Zeit der Gnade sein! Amen.

Lied nach der Predigt: Meine Zeit steht in deinen Händen, 1–3

Segnung der Asche – Verteilung des Aschenkreuzes

Gott, segne diese Asche.
Lass sie uns aufrütteln,
dass wir die Kostbarkeit eines jeden Augenblicks erkennen,
dass wir uns unserer Verantwortung bewusst werden.
Lass sie für uns zum sichtbaren Zeichen deiner Gnade werden,
dass in dir alle Augenblicke unseres Lebens geborgen sind,
dass wir vor dir nichts leisten müssen,
sondern auch in unserer Fehlerhaftigkeit angenommen sind.
Lass sie zum Zeichen der Versöhnung werden –
mit dir und mit unserem Leben,
damit wir voll Gelassenheit und Vertrauen leben können,
wie es uns dein Sohn Jesus Christus offenbart hat.
So segne diese Asche der gute Gott,
der Vater, der Sohn und der Heilige Geist. Amen.

Fürbitten

Jetzt ist die Zeit der Gnade. Von deiner Gnade, guter Gott, sind wir umfangen. Deshalb bitten wir dich:

- Für alle Menschen, die ruhelos und rastlos, die nie mit sich zufrieden sind: Versöhne sie mit sich selbst und schenke ihnen deine Gelassenheit.
- Für alle Notleidenden, die oft nicht genügend haben, um davon existieren zu können: Versöhne sie mit dem Leben und schenke ihnen Menschen, die ihnen die Liebe Gottes zeigen.
- Für alle Menschen, die unter der Last falscher Entscheidungen leiden, die einer vertanen Chance nachtrauern: Versöhne sie mit dem Leben und befreie sie von ihrer Last.
- Für alle Menschen, die an einem anderen Menschen schuldig geworden sind: Versöhne sie miteinander und lass sie deine Güte und Gnade spüren.
- Für alle Trauernden, die die Momente gemeinsamer Erlebnisse vermissen: Versöhne sie mit dem Tod und lass sie von der Hoffnung getragen sein, dass unsere Toten bei dir lebendig sind.
- Für unsere Gemeinde, für uns Christen in …, die wir heute die Fastenzeit beginnen: Lass sie für uns zu einer Zeit der Versöhnung mit Gott und mit uns selbst, zu einer Zeit der Gnade werden.

Denn du, Gott, misst uns nicht an unseren Taten. Dir genügt unser Glaube, unser Vertrauen, dass wir in deiner Gnade geborgen sind. Stärke uns in diesem Glauben durch Jesus Christus, unseren Herrn und Bruder. Amen.

Lied zur Gabenbereitung: GL 621,1–3: Ich steh vor dir mit leeren Händen, Herr

Gebet

Guter Gott,
in Brot und Wein bringen wir unsere Welt zu dir,
bringen wir voller Dankbarkeit alle schönen Momente,
die du uns geschenkt hast;
alle schwierigen Momente,
die uns das Herz schwer machen;

alle Momente,
in denen wir uns an anderen schuldig gemacht haben.
So wie du Brot und Wein verwandelst,
verwandle auch all das, was uns bewegt,
in Momente deiner Gnade
durch Jesus Christus, unseren Herrn und Bruder. Amen.

Präfation

Sanctus: GL 497: Heilig, heilig, heilig Gott

Hochgebet – Vaterunser – Friedensgruß – Agnus Dei – Kommunion – Stille

Danklied: GL 160,1.3–5: Bekehre uns, vergib die Sünde

Gebet

Guter Gott,
du hast uns an deinen Tisch geladen so, wie wir sind,
mit den schönen Momenten unseres Lebens,
aber auch mit den schwierigen.
Du schenkst uns deine Gnade ohne Vorleistungen.
An deinem Tisch des Wortes und des Mahles sind wir willkommen.
Dafür danken wir dir durch Jesus Christus,
unseren Herrn und Bruder. Amen.

Segen – Entlassung

So segne uns, Gott, für die Tage dieser Fastenzeit.
Segne uns, dass wir das Geschenk eines jeden Lebensmoments erkennen.
Segne uns, dass wir die Kraft finden, über unser Leben nachzudenken.
Segne uns, dass wir uns mit dir und mit unserem Leben versöhnen.
Segne uns mit deiner Gnade. Amen.

Schlusslied: GL 616,1–2: »Mir nach«, spricht Christus

3. Mitte-los? – 1. Fastensonntag

Eingangslied: GL 656,1.4.5: Wir sind nur Gast auf Erden

Liturgische Begrüßung – Einführung

Der berühmte Philosoph Ernst Bloch hat sich in seinem Leben zentral mit dem Thema »Hoffnung« beschäftigt. Dabei spielt der Begriff »Heimat« für ihn eine große Rolle. Er spricht von der »Heimat, die uns allen in die Kindheit scheint und worin noch niemand war«. Wir Menschen brauchen eine Heimat, die uns hält, die uns Hoffnung gibt, die aber nicht einfach für uns verfügbar ist. Wir können uns – davon ist auch Bloch zutiefst überzeugt – unsere Heimat nicht selbst schaffen. Wir können unsere Hoffnung in den wenigsten Fällen selbst erfüllen.

Als Christen glauben wir, dass Gott diese Heimat ist, dass er unsere Mitte ist, an der wir uns orientieren können, die uns hält, die unser letztes Ziel ist. Als Christen glauben wir, dass wir nicht heimatlos sind, sondern dass da einer ist, der sich unserer immer wieder erbarmt. Ihn rufen wir im Kyrie an:

Kyrie

Herr Jesus Christus, du bist das Brot des Lebens,
das uns nährt und Kraft gibt für unseren Lebensweg.
Herr, erbarme dich.

Du bist die Mitte unseres Lebens, die uns trägt und hält
und uns auf unserem Lebensweg begleitet.
Christus, erbarme dich.

Du zeigst uns die Heimat,
in der wir die Geborgenheit und Liebe Gottes finden.
Herr, erbarme dich.

Der gute Gott erbarme sich unser. Er verzeihe uns unsere Schuld und stärke uns mit dem Wort und mit dem Brot des Lebens, damit wir seine Kirche sind, seine communio, in der seine Liebe, seine Gerechtigkeit und sein Friede lebendig bleiben. Amen.

Gebet

Gott, unser Vater,
wir machen uns auf den Weg,
vertrauen uns dem Pfad an, der uns durch das Leben führt.
Beschütze und begleite uns auf diesem Weg.
Jede und jeder von uns geht einen anderen Weg,
jede und jeder von uns hat ein anderes Ziel.
Erwarte du uns am Ziel.
Sei du die mitlaufende, uns tragende Mitte unseres Lebens.
Lass uns in dir Heimat und Geborgenheit erfahren
durch Christus, unseren Herrn und Bruder. Amen.

Schriftlesung: Gen 2, 7–9; 3, 1–7

Zwischengesang: GL 293,1.3.4: Auf dich allein ich baue

Evangelium: Mt 4, 1–11

Predigt: Mitte-los?

I. Ein historischer Bericht?
Wenn wir moderne Menschen bei biblischen Erzählungen oft fragen: »Ist das wirklich so passiert? Hat diese Geschichte wirklich einen historischen Hintergrund?«, werden wir der Absicht, aus der die Erzähler diese Geschichten geschrieben haben, nicht gerecht. Es geht in diesen Erzählungen nicht um historische Berichte, schon gar nicht um naturwissenschaftliche Fakten. Der Erzähler der sogenannten Paradiesgeschichte, die wir in der Schriftlesung in Auszügen gehört haben, will uns nicht über die Anfänge der Weltgeschichte erzählen. Er will uns auch nicht erzählen, auf welche Weise die Welt entstanden ist.

Nein, er ringt vielmehr mit den Problemen seiner Zeit und fragt sich: Hat Gott die Welt so gewollt, wie ich sie heute erlebe? Was muss in dieser Welt, die für mich voller Leid und menschlicher Not ist, geschehen, damit sie in eine andere Zukunft geht?

Und deshalb erzählt er die Geschichte seines Glaubens, wie Gott die Welt ursprünglich gedacht hat und warum sie heute nicht mehr so erfahrbar ist. Der Erzähler betreibt also keineswegs historisch-naturwissenschaftliche Forschung. Das ist eine Fragestellung, die eher die Menschen unserer Zeit in solche Texte hineintragen.

Der Erzähler ist unzufrieden mit seiner Gegenwart und ringt in dieser Unzufriedenheit mit Gott. Warum ist die Welt so, wie sie ist?

II. Leiden unter der Welt, wie sie ist
Bevor wir nach der Antwort fragen wollen, die er auf diese Frage findet, wollen wir uns anschauen, wie er die Welt seiner Zeit erlebt hat. Dazu müssen wir über unsere Schriftlesung hinausschauen, denn die eigentliche »Paradieserzählung« geht über insgesamt zwei Kapitel des Buches Genesis.

In Gen 3 erzählt uns der Jahwist, so nennen die Exegeten den Verfasser dieses Textes, davon, dass der Mensch mühsam den Ackerboden bearbeiten muss. Dornen und Disteln machen ihm das Leben schwer. Wer schon einmal solche Dornen in Israel gesehen hat, der weiß, dass sie nur mit einem modernen Gerät, z.B. mit einem Bagger zu entfernen sind, weil sie ganz tief und fest in der Erde verwurzelt sind. Die Bauern der damaligen Zeit mussten mit den Dornen und Disteln leben. Sie konnten sie nicht einfach loswerden. Dazu Trockenheit und Dürre; all das machte den Menschen in Israel – und die meisten arbeiteten damals in der Landwirtschaft – das Leben schwer.

Aber nicht nur das: Der Jahwist beobachtet, unter welcher Mühsal die Frauen ihre Kinder zur Welt bringen, wie sie von den Männern beherrscht werden, wie die Männer sich dann in gegenseitiger Rivalität, in der Sucht, übereinander herrschen zu wollen, gegenseitig töten. Sie kennen alle die Geschichte von Kain und Abel, die gleich in Gen 4 folgt.

Die Menschen haben im Umgang miteinander das Vertrauen verloren. Sie können nicht mehr nackt und bloß voreinander sein. Sie müssen sich voreinander und vor Gott verstecken. Es gibt eine vordergründige Welt, die man sehen und hören kann, und eine hintergründige Welt, die oft ganz anders aussieht wie die vordergründige. Aber beides ist oft nicht miteinander verbunden. Die hintergründige Welt, die wirkliche Welt, die das Innenleben der Menschen kennt, wird hinter der Fassade versteckt.

Zuletzt weiß der Jahwist auch um die bittere Erfahrung des Todes: »Staub bist du, zum Staub musst du zurück.«

So sieht die Gegenwart des Jahwisten aus, und er ist nicht glücklich mit ihr. Er leidet unter der Welt – so, wie sie ist.

III. Im Letzten mitte-los?
Aber warum ist die Welt so, wie sie ist? Darauf gibt der Jahwist eine klare Antwort: Weil der Mensch selbst die Entscheidung darüber in die Hand genommen hat, was gut und böse ist. Weil der Mensch sich selbst zum Maß aller Dinge, zur Mitte dieser Welt gemacht hat.

Gewiss ist die Entscheidungsfreiheit des Menschen ein hoher Wert, der ja gerade uns Menschen von heute sehr viel bedeutet. Wer würde sich schon gerne seine Entscheidungsfreiheit nehmen lassen? Uns würde etwas Wesentliches von unserem Menschsein fehlen, wenn wir nicht mehr Ja und Nein sagen könnten, wenn einfach über uns hinweg entschieden würde.

Aber der Jahwist sieht auch die kritischen Seiten dieser Entscheidungsfreiheit. Wenn sich der einzelne Mensch selbst zum Maß von Gut und Böse machen kann, dann kann das auch auf Kosten anderer geschehen, kann das dazu führen, dass er sich zwar für sein Wohl, aber nicht für das von anderen Menschen entscheidet. Entscheidungsfreiheit hat auch zur Folge, dass Menschen über andere Menschen herrschen, dass Menschen über die Natur herrschen und sie ausbeuten.

Auch wir Menschen von heute entdecken oft genug, dass durch die Entscheidungsfreiheit von Menschen Böses geschieht, Leid über Menschen kommt: Da tötet ein Amokläufer blindwütig unschuldige Menschen. Da lässt ein Diktator Menschen foltern und zu Tode quälen. Da führen Menschen durch verantwortungsloses Handeln Umweltkatastrophen herbei. – Gewiss, auch wir könnten viele Geschichten erzählen, wie Entscheidungen von Menschen zu Leid und Unheil geführt haben.

Der Jahwist sieht das Problem aber noch mehr in der Tiefe: Wenn der Mensch sich selbst zur Mitte macht, dann ist er auch die einzige Instanz, die die Probleme dieser Welt lösen kann, dann muss er sich selbst von allem Unheil, allem Leid erlösen. Aber kann das der Mensch? Kann der Mensch tatsächlich die Mitte des eigenen Lebens sein, oder ist er nicht, wenn er das tut, im Letzten mitte-los?

IV. Wir brauchen eine Mitte!
Der Jahwist möchte die Entscheidungsfreiheit nicht abschaffen. Er würde ihr ihren Wert wohl auch nicht absprechen. Aber er sagt: Es ist problematisch, wenn wir Menschen uns selbst zum Maß aller Dinge machen, wenn wir keine Mitte mehr haben, an der wir uns einerseits orientieren können, die andererseits aber unserem Zugriff entzogen ist.

Die Antwort des Jahwisten ist klar: Wir können uns nicht selbst erlösen. Wir bedürfen zutiefst eines Gottes, an dem wir uns orientieren, viel mehr aber noch, dem wir unser Leben anvertrauen können, der unsere Mitte ist, der Sorge für unser Leben trägt, der unser Leben zum Guten führt. Das können wir selbst nicht leisten. Wir brauchen eine Mitte. Wir brauchen Gott, sonst sind wir mitte-los.

In einer Zeit wie der unseren, die uns vorgaukelt, der Mensch hätte alles im Griff und könnte alles selbst leisten, bekommt diese alte Geschichte des Jahwisten für mich eine neue Bedeutung: Gerade wir modernen Menschen, die ihre Unabhängigkeit über alles wertschätzen, brauchen eine Mitte, die die Kraft hat, uns von allen Abhängigkeiten, von denen wir uns eben nicht selbst befreien können, zu erlösen. Wir brauchen eine Mitte, die uns hält, wenn wir uns selbst nicht mehr halten können. Was nützt uns alle Freiheit, wenn wir am Ende mitte-los bleiben und uns die eigene Unabhängigkeit auffrisst?

Apostolisches Glaubensbekenntnis

Fürbitten

Gott ist die Mitte unseres Lebens. In ihm wird sich unser Leben vollenden. Er wird unser Leben zum Guten führen. So bitten wir ihn vertrauensvoll:

- In dieser Welt gibt es viel Heimatlosigkeit. Menschen fühlen sich einsam und verlassen. Schenke du, Gott, ihnen Heimat und Geborgenheit.
- In dieser Welt gibt es viele Menschen, die keine Orientierung haben, die sich in dieser Welt wie in einem Irrgarten fühlen. Lass sie erfahren, dass ihr Leben Sinn und Ziel hat.
- In dieser Welt leiden viele Menschen unter Ungerechtigkeit und Gewalt. Schenke du ihnen die Hoffnung, dass sich Liebe und Frieden, Gerechtigkeit und Freiheit am Ende durchsetzen werden.
- In dieser Welt sind viele Menschen hoffnungslos und erwarten nicht mehr viel vom Leben. Lass du, Gott, in ihnen die Zuversicht wachsen, dass die Sehnsucht, die in uns wohnt, nicht unerfüllt bleiben wird.
- In dieser Welt glauben viele Menschen nicht mehr an dich, Gott. Lass sie deine Gegenwart erfahren, dass ihr Leben nicht um gähnende Leere, sondern um dich als Grund und Ziel unseres Lebens kreist.

- In dieser Welt ist der Tod unumgänglich. Jeder von uns muss sterben. Lass in uns den Glauben und die Hoffnung wachsen, dass wir im Tod nicht im Nichts, sondern in dir, in der Heimat, die uns allen in die Kindheit scheint, enden werden.

Denn du, Gott, bist unsere Mitte, bist der Dreh- und Angelpunkt unseres Lebens. Du bist das Ziel, auf das alles zuläuft. Darauf leben wir hin in der Zuversicht Jesu Christi, unseres Herrn und Bruders. Amen.

Lied zur Gabenbereitung: GL 621, 1–3: Ich steh vor dir mit leeren Händen

Gebet

Guter Gott,
Brot und Wein haben wir auf den Tisch des Mahls,
in unsere Mitte gestellt.
Brot und Wein sollen uns zu Zeichen werden,
dass du, Gott, unsere Mitte bist,
dass unser Leben nicht ohne Ziel und Sinn ist,
sondern sich in dir vollenden wird.
Sende deinen Heiligen Geist auf diese Gaben herab,
dass sie in uns die Hoffnung auf dich
zur tragenden Kraft unseres Lebens machen.
Darum bitten wir durch Jesus Christus, unseren Herrn und Bruder. Amen.

Präfation

Sanctus: GL 438: Heilig, heilig, heilig Gott (Paulus-Messe)

Hochgebet – Vaterunser – Friedensgruß – Agnus Dei – Kommunion – Stille

Danklied: GL 493, 1–2.7–8: Lob sei dem Herrn

Gebet

Gott, unser Vater,
deine Liebe umfängt uns,
dein Wort weist uns den Weg,
Brot und Wein sind uns Zeichen der Hoffnung,
Zeichen deiner Gegenwart in unserem Leben.
So stärke und hilf uns, darauf zu vertrauen,
dass du uns den Weg zurück in den Garten,
zurück in deine Heimat und Geborgenheit führst
durch Jesus Christus, unseren Herrn und Bruder. Amen.

Segen – Entlassung

Herr, schenke uns Mut, Mut zum Leben,
Mut zum Handeln,
Mut zur Hoffnung,
Mut, nicht aufzugeben und zu verzweifeln.
Herr, schenke uns Mut und Vertrauen.
Schenke uns deinen Segen. Amen.
So segne uns Gott, der Vater, der Sohn und der Heilige Geist. Amen.

Schlusslied: GL 289,1–2: Herr, deine Güt ist unbegrenzt

4. Geh in das Land, das ich dir zeigen werde! – 2. Fastensonntag

Eingangslied: GL 462,1–2: Zu dir, o Gott, erheben wir

Liturgische Begrüßung – Einführung

Von Martin Buber, dem großen jüdischen Theologen, stammt folgende Erzählung:
»Eines Tages kam eine Frau zu Rabbi Meir und bat ihn, für sie zu beten, dass sie mit einem Sohn gesegnet würde. Der Rabbi stimmte zu, allerdings unter der Bedingung, dass sie fünfzig Rubel für eine arme Familie zu spenden bereit sei. Da die Frau nicht so viel Geld hatte, bot sie ihm 10 Rubel an. Doch der Rabbi blieb hartnäckig und beharrte auf den 50 Rubeln. Da legte die Frau innerlich all ihr Geld beisammen und bot ihm 20 Rubel an. Doch der Rabbi blieb wiederum hartnäckig und beharrte auf der vollen Summe. Da brach die Frau in Tränen aus und rief: ›In diesem Fall, Rebbe, bleibt mir keine Wahl, ich muss mein Vertrauen auf Gott allein setzen und hoffen, dass er mir helfen wird!‹
Als Rabbi Meir das hörte, lächelte er: ›Genau das ist es, was ich wollte! Jetzt, da du bereit bist, nicht mir und meinen Gebeten, sondern Gott selbst zu vertrauen, bin ich sicher, dass er dir helfen wird.‹«
Glauben – das heißt in erster Linie Vertrauen; Vertrauen, dass Gott mit mir auf dem Weg ist; Vertrauen, dass er mein Leben zum Guten führen wird; Vertrauen, dass er mir Heimat und Geborgenheit schenken wird. In diesem Glauben, in diesem Vertrauen wollen wir nun miteinander Gottesdienst feiern.

Kyrie

Herr Jesus Christus,
du hast Menschen Heimat und Geborgenheit,
Zutrauen zu sich selbst und zu anderen Menschen geschenkt.
Herr, erbarme dich.

Du hast deinen Glauben an eine Zukunft nie aufgegeben.

Du hast dein Leben deinem Vater im Himmel anvertraut.
Christus, erbarme dich.

Du hast die Hoffnung in die Herzen der Menschen hineingelegt,
dass es eine Heimat gibt, auf die wir zugehen.
Herr, erbarme dich.

Der gute Gott erbarme sich unser. Er nehme alles von uns, was uns hindert, an dem festzuhalten, was wir erhoffen, an das zu glauben, was wir nicht sehen können, auf den zu vertrauen, der allein unsere Zukunft ist. Amen.

Gebet

Gott, unser Vater,
mit dir ziehen wir in die Ungewissheit des Lebens.
Wir wissen nicht,
was auf uns zukommen wird.
Wir kennen weder die Höhen noch die Tiefen,
die unser Lebensweg durchlaufen wird.
Aber wir vertrauen darauf,
dass du mit uns bist auf all diesen Wegen,
dass du all diese Wege zum Guten führen wirst
durch Jesus Christus, unseren Bruder und Herrn. Amen.

Schriftlesung: Gen 12,1–4a

Zwischengesang: GL 624,1–3: Auf dein Wort, Herr, lass uns vertrauen

Evangelium: Mt 17,1–9

Predigt: Geh in das Land, das ich dir zeigen werde.

I. Weitergabe des Glaubens?
Mitte der 80er-Jahre lud der damalige Bischof der Diözese Rottenburg-Stuttgart, Dr. Georg Moser, seine Diözese zu einer Synode ein, die unter dem Thema »Weitergabe des Glaubens an die kommende Generation«

stand, das Moser damals selbst als »eines der brennendsten Probleme« der Kirche ansah. 25 Jahre später scheint das Problem eher noch drängender geworden zu sein. Jeder, der sich in Religionsunterricht, Katechese oder Jugendarbeit einsetzt, weiß von der Schwierigkeit, den Glauben an die kommenden Generationen weiterzugeben.

Aber kann man den Glauben überhaupt weitergeben? Wenn man den Glauben wie ein Paket mit Glaubensinhalten begreifen würde, das man den Kindern und Jugendlichen quasi auf den Tisch stellt, dann wäre das möglich. Und seien wir ehrlich – viele stellen sich Glaubensweitergabe so vor: Wir verkünden die Inhalte des Glaubens auf möglichst glaubwürdige Weise. Wir geben der nächsten Generation weiter, was wir selbst für wahr und richtig halten. Aber führt das tatsächlich zum Glauben?

II. Abraham – der Prototyp des Glaubenden
Wenn die Menschen im Alten wie im Neuen Testament über ihren Glauben nachdachten, dann taten sie das meistens in der Weise, dass sie über Abraham erzählten. Abraham ist für die Menschen der Bibel sozusagen der Prototyp des Glaubenden. Er ist der, der sich, nachdem sich die Menschheit in der Urgeschichte immer mehr von Gott entfernt hat, mit Gott auf den Weg macht.

Er spürt den Ruf Gottes zum Aufbruch: »Zieh weg aus deinem Land, von deiner Verwandtschaft und aus deinem Vaterhaus in das Land, das ich dir zeigen werde.« Und dieser Aufbruch war nicht ohne Risiken: Wer sich in damaliger Zeit aus der eigenen Sippe löste, »verließ nicht nur die Lebens-, sondern auch die Rechts- und Verteidigungsgemeinschaft; er war schutzlos preisgegeben. Abraham sollte also seinen Landbesitz, seine Lebensgrundlage und all seine Lebenssicherung verlassen.« (W. Groß, Glaubensgehorsam als Wagnis der Freiheit, Mainz 1980, S. 48) Alles, was ihm vertraut, was ihm wichtig war, seine ganze bisherige Lebenswelt, die ihm Schutz und Nahrung gewährte, lässt Abraham zurück, um sich mit Gott auf den Weg zu machen.

Dabei lockt ihn Gott nicht mit großen Visionen, mit Bildern einer heilen Welt. Nein, Gott fordert ihn einzig und allein auf, sich mit ihm auf den Weg zu machen »in das Land, das ich dir zeigen werde.« Wie dieses Land konkret aussieht, bleibt offen, aber Gott verheißt Abraham: »Ich werde dich zu einem großen Volk machen.« – Das bedeutet: Dein Leben, deine Anliegen, das, wofür du mit Leidenschaft gelebt hast, werden nicht mit deinem Tod verloren sein, sondern in deinen Nachkommen weiterleben.

»Ich werde deinen Namen groß machen.« – Das bedeutet: Dein Leben wird nicht im Nichts, in der Sinnlosigkeit enden, sondern es wird Bedeutung haben für die Menschen, für die und mit denen du lebst.

»Ich werde dich segnen.« und »Ein Segen sollst du sein.« – Das bedeutet: Ich werde mit dir auf dem Weg sein. Meine Kraft wird in dir wirken. Und so wirst du zum Segen auch für andere werden. Ich werde nicht alle deine Wünsche erfüllen, aber ich werde dein Leben zur Erfüllung bringen. Ich werde es zum Guten führen.

Und Abraham glaubte Gott und zog los.

III. Glauben ist Vertrauen
Wie sagt der Hebräerbrief angesichts dieses Aufbruchs Abrahams: »Glaube aber ist: Feststehen in dem, was man erhofft, Überzeugtsein von Dingen, die man nicht sieht.« (Hebr 11,1)

Abraham glaubt, weil er darauf vertraut, dass Gott zu seinen Verheißungen steht, dass Gottes Segen ihn nicht loslassen wird, was auch immer passieren mag. Abraham glaubt an das Land der Verheißung, obwohl er es nicht sieht, obwohl sich keine konkreten Bilder auftun. Aber er vertraut darauf, dass Gott ihm Heimat geben wird.

Abraham glaubt nicht in erster Linie, indem er bestimmte Glaubensinhalte für wahr hält, sondern er glaubt, indem er sein Leben Gott anvertraut, indem er darauf vertraut, dass Gott sein Leben auch durch Untiefen hindurch zum Guten führen wird. Und Abraham hat ja wahrlich auf seinem Weg nicht nur Sternstunden erlebt. Da ging es manchmal um Leben und Tod. Da stand manches Mal alles in Frage. Aber Abraham lässt das Vertrauen zu Gott nicht fallen. Er macht sich mit ihm auf den Weg. Und er erfährt ihn dadurch auch immer wieder als leitende Kraft seines Weges.

IV. Sich mit Gott auf den Weg machen
Wie können wir unseren Glauben an die kommenden Generationen weitergeben? Was können wir auf unsere Ausgangsfrage hin durch Abraham lernen?

Wenn Glauben in erster Linie Vertrauen ist, dann kann Glauben nicht einfach weitergegeben werden, dann kann er nur wachsen. Ich kann Menschen ermutigen, sich wie Abraham mit Gott auf den Weg zu machen. Ich kann Menschen in diesem Vertrauen bestärken, aber ich kann es ihnen nicht einfach wie ein Paket herüberreichen.

Da mag die Verpackung noch so interessant sein; da mag der Inhalt noch so gut und anziehend dargestellt sein, der entscheidende Glaubensakt des Menschen ist der Vertrauensvorschuss, den er Gott wie Abraham schenkt: Ich mache mich mit dir auf den Weg in ein Land, das ich noch gar nicht kenne, aber von dem ich glaube, dass du es mir zeigen, dass du mich die richtigen Wege führen wirst.

Wer sich in diesem Vertrauen mit Gott auf den Weg macht, wird ihn erfahren. Davon zeugt die Bibel in vielen Erzählungen. Davon zeugen zahlreiche Lebensbeispiele der Kirchen- und Glaubensgeschichte.

Aber der entscheidende Akt bleibt beim Menschen selbst: Geh los. Geh mit Gott und vertraue darauf, dass er dein Leben zum Guten führt. Im Glaubensakt umarmt der Mensch vertrauensvoll die Ungewissheit seiner eigenen Zukunft. Und das ist gewiss eine mutige, eine nicht leichte Entscheidung, die man keinem Menschen abnehmen, die jeder Mensch nur für sich selbst treffen kann: Ich gehe los. Ich gehe im Vertrauen darauf, dass Gott mein Leben zum Guten führen wird, auch wenn ich längst noch nicht sehen kann, wie das aussehen wird.

Wenn ich meine eigene Lebens- und Glaubensgeschichte reflektiere, dann hat mich in diesem Vertrauen am meisten das gelebte Vertrauen anderer Menschen bestärkt, das schlichte, aber gelebte Vertrauen meiner Großeltern, Eltern und manch anderer Menschen, das auch durch Schmerz und Tod hindurch nicht einfach ins Wanken geriet.

»Geh in das Land, das ich dir zeigen werde.« Und so habe auch ich mich auf den Weg gemacht im Vertrauen, dass Gott mein Leben zum Guten führen wird, auch wenn ich noch nicht weiß, wie das am Ende aussehen wird. Glaube ist nicht Wissen – und das macht ihn nicht immer leicht. Deshalb kann man ihn auch nicht so einfach weitergeben, so gerne wir das manchmal täten.

Glaubensbekenntnis: GL 276,1–5: Wir glauben Gott im höchsten Thron

Fürbitten

Gott, unser Vater,
dir schenken wir unser Vertrauen. Mit dir brechen wir immer wieder auf. Mit dir gehen wir in die Zukunft. Deshalb bitten wir dich:

- Für alle, die kein Vertrauen mehr zum Leben in sich tragen. Für alle, die ohne Perspektive sind, verzweifelt, ohne Hoffnung.

- Für alle, die in den sichtbaren Dingen dieser Welt gefangen sind und nur an das glauben können, was messbar, was mit den äußeren Sinnen wahrnehmbar ist.
- Für alle, die von Krankheit oder Tod überrascht wurden und deshalb unüberbrückbare Mauern in ihrem Leben sehen.
- Für alle, die nicht mehr die Sterne am Himmel sehen, die sich nicht mehr an dem erfreuen können, was allein die Augen des Herzens sehen können.
- Für alle, die nicht glauben und darauf vertrauen können, dass du unser Leben begleitest und es zum Guten führen wirst.
- Für alle, die am Ende ihres Lebens angelangt sind, deren Leben nun allein in deinen Händen liegt.

So bitten wir dich, Gott, für uns alle, die wir auf dem Weg mit dir sind, dass wir Glauben und Vertrauen nicht verlieren mögen in Ewigkeit. Amen.

Lied zur Gabenbereitung: GL 618,1–4: Brich dem Hungrigen dein Brot

Gebet

Guter Gott,
lass Brot und Wein Zeichen des Glaubens für uns sein,
die uns stärken in unserem Vertrauen,
dass du mit uns bist auf unserem Weg,
dass dein Segen uns durch unser Leben begleitet,
dass du unser Leben zum Guten führen wirst,
dass du uns gegenwärtig bist in Brot und Wein
durch Jesus Christus, unseren Herrn und Bruder. Amen.

Präfation

Sanctus: GL 459: Heilig, heilig, heilig Gott

Hochgebet – Vaterunser – Friedensgruß – Agnus Dei – Kommunion – Stille

Danklied: GL 472: O Jesus, all mein Leben bist du

Gebet

Gott, unser Vater,
wir danken dir für die Worte der Heiligen Schrift,
durch die du zu uns sprichst.
Wir danken dir für das gemeinsame Mahl,
mit dem du uns stärkst für unseren Alltag,
mit dem du uns stärkst in dem Vertrauen,
dass du uns trägst und hältst.
Dafür danken wir dir durch Jesus Christus, unseren Bruder und Herrn.
Amen.

Segen – Entlassung

Geh in das Land, das ich dir zeigen werde.
So hast du zu Abraham gesprochen,
so sprichst du auch zu uns.
Begleite uns mit deinem Segen auf all unseren Wegen.
Führe du uns durch die Tage, aber auch durch die Nächte unseres Lebens.
Führe du unser Leben zum Guten.
So segne und begleite uns Gott, der Vater, der Sohn und der Heilige Geist.
Amen.

Schlusslied: GL 558,1.6–7: Ich will dich lieben

5. Ich werde vor dir stehen! – 3. Fastensonntag

Eingangslied: GL 289,1–2: Herr, deine Güt ist unbegrenzt

Liturgische Begrüßung – Einführung

Es gibt eine sehr schöne Geschichte – »Spuren im Sand« –, die viele Menschen bewegt: Ein Mensch schaut zurück auf seinen Lebensweg. Er sieht zwei Spuren nebeneinander, die seinige und die Gottes. Immer dann, wenn er Leid und Schmerz erfahren hat, sieht er jedoch nur eine Spur und fragt Gott: »Wo warst du in diesen Momenten?« Und Gott antwortet: »Ich habe dich getragen. Die Spuren, die du siehst, sind die meinigen.«

Gewiss, eine rührende Geschichte, die mich beim Hören aber immer auch nachdenklich gemacht hat. Stimmt das mit meiner Lebenserfahrung überein? Habe ich mich wirklich in Momenten des Leides von Gott getragen fühlt? Oder tauchte nicht manchmal eher ein Gefühl von Gottverlassenheit auf, so wie es ja auch Jesus am Kreuz hinausschreit?

Auch der heutige Lesungstext macht deutlich, dass Gott in schwierigen Situationen nicht einfach neben uns steht. Er steht – so sagt es der Text – vor uns. Er macht uns Mut, stärkt uns darin, solche Lebensmomente selbst in den Griff zu bekommen.

Je mehr ich darüber nachdenke, desto mehr tut mir selbst dieser Gedanke gut. Gott nimmt nicht einfach alles Schwierige aus meinem Leben weg. Er legt nicht einfach seinen schützenden Mantel über alles. Er will mich viel mehr selbst reifen, meine innere Stärke wachsen lassen. Er nimmt mir mein Leben nicht aus der Hand. Er stärkt mich viel mehr darin, dass ich es selbst in die Hand nehme. Diesen Gott, der Menschen und ihr Vertrauen zu sich selbst stärken will, wollen wir nun im Gottesdienst miteinander feiern.

Kyrie

Herr Jesus Christus,
du ermutigst Menschen aufzubrechen, ihr Leben selbst in die Hand zu nehmen.
Herr, erbarme dich.

Du legst die Sehnsucht und den Durst nach wahrhaftigem Leben in die Herzen der Menschen hinein.
Christus, erbarme dich.

Du gibst uns das Wasser, das unseren Lebensdurst stillt.
Du gibst uns das Wasser, das zur sprudelnden Quelle in uns wird.
Herr, erbarme dich.

Der gute Gott erbarme sich unser. Er nehme alle Angst und Sünde von uns, damit wir befreit leben und unsere Talente und Fähigkeiten entfalten können. Amen.

Gebet

Gott, unser Vater,
du hast deinen Sohn in diese Welt gesandt,
damit er unsere Herzen öffne für die Sehnsucht, die in uns lebt;
damit er uns darin stärke, unserer Hoffnung zu trauen
und unser Leben selbst in die Hand zu nehmen;
damit er uns ermutige,
uns nicht von unseren Ängsten blockieren zu lassen,
sondern durch die Angst hindurch zu eigener Stärke zu finden.
So bitten wir dich:
Gib uns das Wasser, das unseren Lebensdurst stillt
und zur sprudelnden Quelle in uns wird,
durch Jesus Christus, unseren Bruder und Herrn. Amen.

Schriftlesung: Ex 17, 3–7

Zwischengesang: GL 483, 1–3.8–9: Wir rühmen dich, König der Herrlichkeit
(alternativ: Geh zum Fels und sage)

Evangelium: Joh 4, 5–15.19b–26.39a.40–42 (Kurzfassung)

Predigt: Ich werde vor dir stehen!

I. Warum bin ich nicht geblieben?
Wer kennt das nicht: Da hat man den Aufbruch gewagt, hat sich freigekämpft, aber auf einmal geht alles schief, was nur schiefgehen kann.

Man hat sich z. B. endlich entschieden, einen neuen Schritt im Berufsleben zu wagen, hat die alte Stelle verlassen, eine neue gefunden, aber dort läuft nichts glatt. Mit den neuen Kollegen wird man nicht warm, mit den neuen Aufgaben kommt man nicht klar, fühlt sich überfordert und sitzt irgendwann frustriert da: Warum bin ich nicht auf meiner alten Stelle geblieben?

Oder man hat sich ein Haus gekauft, von der alten liebgewordenen Mietwohnung getrennt, sich in Schulden gestürzt. Und dann zieht man ein. Das Wasser in der Waschküche läuft nicht ab. Die Spülmaschine ist kaputt. Durch die Dachfenster dringt Wasser ein. Und auf einmal sitzt man frustriert da: Warum habe ich dieses Haus gekauft? Warum bin ich nicht in meiner alten Wohnung geblieben?

Oder denken wir an einen jungen Menschen, der sich nach dem Abitur entschließt, für ein Jahr nach Südamerika zu gehen, dort ein soziales Jahr zu verbringen. Und dann merkt er im Land auf einmal, dass er einfach viel zu wenig Spanisch versteht. Die Freunde sind auch nicht um einen herum. Dann kommt noch eine Lungenentzündung dazu, und er sitzt im Krankenhaus auf dem Bett und denkt sich: Warum bin ich nicht zuhause geblieben?

Oder da hat sich eine Tochter gerade von ihrer Familie losgeeist, einen eigenen Haushalt gegründet, und dann ist der Lieblingspullover in der Waschmaschine geschrumpft, das Mittagessen angebrannt und die Toilette verstopft. Und sie sitzt da und denkt sich: Warum musste ich bloß zuhause ausziehen?

Oder die Kirchengemeinde wagt einen neuen Weg, gestaltet manches im Gemeindeleben neu und anders. Am Anfang sind alle noch begeistert. Und dann ist auf einmal Sand im Getriebe. Schwierigkeiten tauchen auf. Die Ersten beginnen zu murren. Schließlich Frustration auf allen Ebenen: Warum haben wir das bloß angepackt?

Wenn Menschen aufbrechen, dann läuft nicht immer alles glatt. Ganz im Gegenteil: Meistens läuft es anders, als man es sich wünscht. Schwierigkeiten, Barrieren und Blockaden tauchen auf. Es ist eigentlich ganz normal, dass Menschen sich dann nach solchen Aufbrüchen fragen: Wäre es nicht besser gewesen, wenn ich geblieben wäre?

II. Ist der Herr in unserer Mitte oder nicht?

Eine ganz ähnliche Situation beschreibt uns die heutige Schriftlesung: Das Volk Israel hatte sich die Befreiung aus der Knechtschaft in Ägypten mühsam erkämpft. Mose hatte sein Volk motiviert, mit ihm in die Freiheit zu ziehen. Das war, wie uns die Bibel erzählt, für Mose keine einfache Aufgabe; eine Aufgabe, die großen Mut erforderte, die harte Kämpfe mit dem Pharao mit sich brachte. Und dazu war es wahrlich nicht einfach, das Volk in seiner Lethargie aufzurütteln und zum Aufbruch zu bewegen. Aber schließlich war die Zeit zum Exodus, zum Auszug gekommen.

Am Anfang Euphorie und Begeisterung, dann aber Wüste und Durst. Den Israeliten geht mitten in der Wüste die Puste aus. War es nicht in Ägypten trotz aller Sklaverei angenehmer gewesen als hier im Wüstensand? Warum hat uns Mose überhaupt hierher geführt? Dieser Weg ist eine Sackgasse! Wären wir bloß in Ägypten geblieben!

Mose steckt als Verantwortlicher mit seinem ganzen Volk in der Wüste und er spürt, dass alles jetzt von ihm abhängt. Er spürt, wie ihn die Last der Verantwortung fast niederdrückt. Deshalb erleben wir hier auch keinen sanftmütig betenden Mose, sondern einen, der voller Verzweiflung zum Herrn schreit: »Was soll ich mit diesem Volk anfangen?«

Und Gott antwortet: »Geh am Volk vorbei.« Warte nicht darauf, dass dir Hilfe aus dem Volk selbst erwächst. Warte nicht auf eine Initiative im Volk. Warte nicht, sondern geh. Ergreife du die Initiative.

»Nimm den Stab in die Hand.« Erinnerst du dich noch daran, dass dieser Stab einmal eine Schlange war? Als du deine Angst angepackt, als du deine Angst überwunden hast, ist die Schlange zum Stab geworden. Deine Angst ist dir zur Stärke geworden. Mit dieser Stärke hast du damals am Nil dem Pharao ein erstes Mal Widerstand geleistet. Nimm deine Angst also wieder in die Hand und geh. Sie wird dir zum Stab werden, zur eigenen Stärke, die dir Kraft gibt, voranzugehen.

»Geh. Dort drüben am Felsen werde ich vor dir stehen.« Du musst aus eigener Kraft gehen. Ich werde dir vorangehen. Ich werde die Sehnsucht sein, die dich weitergehen lässt. Ich werde vor dir stehen, damit du dein Ziel nicht aus den Augen verlierst.

»Dann schlag an den Felsen.« Und glaube daran, dass der Fels sich spalten und aus ihm Wasser hervorströmen wird.

Und Mose tat so. Und das Volk fragte sich: Ist der Herr in unserer Mitte oder nicht?

III. Ich werde vor dir stehen!

Ist der Herr in unserer Mitte oder nicht, wenn wir nach unseren Aufbrüchen verzweifelt dasitzen und uns fragen, ob wir nicht besser geblieben anstatt losgezogen wären?

Auch wenn wir einen Aufbruch mit dem Gefühl gewagt haben, dass Gott diesen Weg so für uns vorgesehen hat, geraten wir doch in solchen Momenten ins Zweifeln: Ist Gott bei uns? Ist er in unserer Mitte? Lässt er uns jetzt – auf halber Wegstrecke – womöglich im Stich?

Diese alte, mystische Erzählung aus dem Buch Genesis gibt uns eine – wie ich finde – bemerkenswerte Antwort auf diese Frage. »Geh. Dort drüben am Felsen werde ich vor dir stehen.«

Gott ist in solchen Momenten nicht die treibende Kraft von hinten. Er ist auch nicht der, der uns zur Seite steht. Er ist der, der vor uns steht, der sich uns verheißt als die Macht, die sogar den Felsen sprengt. Er ist der, der sich uns als Zukunft verheißt.

Aber Gott nimmt uns damit nicht ab, dass wir im Hier und Jetzt selbst losgehen müssen. Zweimal sagt er zu Mose: »Geh!« Gott besiegt nicht einfach die Angst für uns. Er will, dass wir durch die Angst hindurchgehen, dass wir sie anpacken, dass wir sie in den Griff bekommen. Wenn mich andere behüten, in den Schutz nehmen, habe ich die Angst noch nicht besiegt. Besiegen kann ich sie erst, wenn ich sie in die Hand nehme.

Gott ist nicht der, der unsere Probleme einfach löst. Er ist nicht der, der alle Schwierigkeiten beseitigt und dadurch den Weg für uns ebnet. Er ist der, der vor uns steht, der uns Mut macht, weiterzugehen und unser Leben in die Hand zu nehmen.

IV. Geh und nimm den Stab in die Hand!

Das könnte für die anfänglichen Beispiele bedeuten: »Geh und nimm den Stab in die Hand.« Geh und nimm deine neue Stelle in Angriff. Du hast es in deiner Macht, sie so zu gestalten, dass dein Weg weitergeht und nicht zurück. Und du wirst sehen, dass sich neue Perspektiven vor dir auftun werden.

»Geh und nimm den Stab in die Hand.« Geh und packe die Schwachstellen in deinem neuen Haus an. Und du wirst sehen: Du wirst dich darin wohlfühlen.

»Geh und nimm den Stab in die Hand.« Suche dir Freunde im neuen Land. Geh auf andere zu und du wirst eine neue Heimat finden.

»Geh und nimm den Stab in die Hand.« Richte dich in deinem eigenen Haushalt ein. Nimm dein Leben in die Hand und freue dich an deiner Selbstständigkeit, an deinem gewachsenen Selbstbewusstsein.

»Geh und nimm den Stab in die Hand.« Denkt doch ja nicht als Kirchengemeinde, dass ihr nicht auch einmal Durststrecken erlebt. Geht mutig voran. Lasst den Stab nicht aus den Händen sinken und vertraut darauf: »Ich werde vor euch stehen.« Und das Wasser, nach dem ihr euch sehnt, wird fließen. Sagt nicht Jesus im heutigen Evangelium zu der Frau am Jakobsbrunnen: »Das Wasser, das ich gebe, wird zur sprudelnden Quelle werden, deren Wasser ewiges Leben schenkt.«

»Geh und nimm den Stab in die Hand.« Das heißt: Geh nicht zurück, sondern geh voran. Denn Gott steht vor dir. Er ist schon längst am Felsen. Er wird zur sprudelnden Quelle in dir werden. Amen.

Glaubensbekenntnis: GL 50, 2: Dankgebet für die Taufe

Fürbitten

Gott, unser Vater,
du stehst vor uns. Du ermutigst uns, nicht zu resignieren, sondern unser Leben in die Hand zu nehmen. Deshalb bitten wir dich:

- Wenn Menschen, die in Politik und Wirtschaft Führungsaufgaben wahrnehmen, Momente der Frustration und Resignation erleben, sprich du zu ihnen: »Geh und nimm den Stab in die Hand.«
- Wenn Menschen, die in innere oder äußere Not geraten sind, nicht mehr weiterwissen, mach du ihnen Mut und sprich: »Geh und nimm den Stab in die Hand.«
- Wenn Menschen aufgebrochen sind, um neue Wege zu beschreiten, und sich dann auf einmal in der Wüste wiederfinden und tiefe Täler durchschreiten müssen, richte du sie wieder auf und sprich zu ihnen: »Geh und nimm den Stab in die Hand.«
- Wenn Menschen durch Arbeitslosigkeit oder andere Ereignisse zu neuen beruflichen Wegen gezwungen sind und sich anfangs noch nicht zurechtfinden, sei du vor ihnen und sprich: »Geh und nimm den Stab in die Hand.«
- Wenn Menschen durch besondere Ereignisse aus der Lebensspur geworfen und in tiefe Depression gestoßen werden, dann ermutige sie und sprich: »Geh und nimm den Stab in die Hand.«

- Wenn Menschen am Ende des Lebensweges stehen und den Tod vor Augen sehen, mach du ihnen Hoffnung, auch die letzten Schritte voller Mut zu gehen: »Geh und nimm den Stab, nimm auch deine Angst vor dem Tod in die Hand.«

Denn du, Gott, wirst vor uns stehen am Felsen und wirst die Quellen des Lebens für uns öffnen. Darauf vertrauen wir durch den, der sich uns als der Stiller unseres Lebensdurstes verheißen hat, durch Jesus Christus, unseren Herrn und Bruder. Amen.

Lied zur Gabenbereitung: GL 490,1–3: Was uns die Erde Gutes spendet

Gebet

Guter Gott,
Brot und Wein schenkst du uns,
um unseren Lebensdurst zu stillen.
Brot und Wein schenkst du uns,
um uns mitten in der Angst zu stärken.
Brot und Wein schenkst du uns,
damit wir losgehen und nicht stehen bleiben.
Brot und Wein schenkst du uns,
um uns deine Gegenwart darin zu zeigen.
Dafür danken wir dir durch Jesus Christus, unseren Bruder und Herrn. Amen.

Präfation

Sanctus: GL 875: Heilig bist du großer Gott

Hochgebet – Vaterunser – Friedensgruß – Agnus Dei – Kommunion – Stille

Danklied: GL 280,1–6: Preiset den Herrn, denn er ist gut

Gebet

Gott, unser Vater,
Brot und Wein, dein Wort sind uns zum Wasser des Lebens geworden,
zur Kraftquelle, aus der wir schöpfen für die Wege,
auf die uns die kommende Woche führen wird.
Dafür danken wir dir durch den,
der uns Mut macht, unser Leben in die Hand zu nehmen,
der die Quelle ist, aus der uns das Wasser des Lebens sprudelt,
durch Jesus Christus, unseren Herrn und Bruder. Amen.

Segen – Entlassung

Herr, unser Gott,
du ermutigst uns, unser Leben in die Hand zu nehmen,
aufzubrechen ins Morgen hinein.
Du verheißt uns:
Ich werde vor euch stehen.
Ich werde undurchdringliche Felsen durchbrechen
und aus ihnen das Wasser des Lebens für euch fließen lassen.
Deshalb sprichst du zu uns:
Geht! Geht und packt an, was euch Angst macht.
Ergreift, was euch den Mut nimmt.
Und so bitten wir dich:
Sei vor uns auf diesen Wegen unseres Lebens.
Sei die Kraft, die uns zieht.
Sei mit uns mit deinem Segen. Amen.

So segne uns Gott, der Vater, der Sohn und der Heilige Geist. Amen.

Schlusslied: GL 106,1- 3: Kündet allen in der Not

6. Gott schaut auf dein Herz! – 4. Fastensonntag

Eingangslied: GL 297,1–2.4–5: Gott liebt diese Welt

Liturgische Begrüßung – Einführung

Die Fußball-Weltmeisterschaft 2010 in Südafrika haben viele noch in guter Erinnerung. Begeisternd hat das Team von Jogi Löw aufgespielt, obwohl das am Anfang niemand erwartet hatte, waren doch die großen Fußball-Stars der Welt eher in anderen Nationen zu finden und war mit Michael Ballack dazu der einzige deutsche Weltstar mit Verletzung kurz vor der WM ausgefallen. Im deutschen Kader waren dagegen viele junge Spieler zu finden, von denen auf den ersten Blick nicht viel zu erwarten war. Und dann spielt diese Mannschaft einen Fußball so schön und begeisternd, wie wir ihn selten in Deutschland gesehen haben.

Der Trainer Jogi Löw hat nicht auf das Äußere geschaut, hat sich nicht durch die äußeren Rahmenbedingungen beirren lassen. Er hat gewusst, welche Willensstärke seine Spieler haben, was sie zu leisten imstande sind. Und er wurde schon vor der WM nicht müde, das große Zutrauen, das er zu seinen Spielern hat, deutlich zu machen. Ein Vertrauen, das die Mannschaft ihm mit grandiosen Leistungen gelohnt hat.

In der heutigen Schriftlesung wird auch ein Jungspund zum König gesalbt – wider alle Erwartungen. Und auch in diesem Fall wird das Vertrauen belohnt: David wird zum wirksamsten und wichtigsten König der israelitischen Geschichte.

Gott schaut nicht aufs Äußere. Er schaut auf das Herz, auf das, was ein Mensch kann, was er im tiefsten Innern will. Und dadurch macht er David, macht er uns Mut, uns etwas zuzutrauen, unsere Leidenschaften, unsere Talente zu entfalten.

Kyrie

Herr Jesus Christus,
du machst die Kleinen groß und die Schwachen stark.
Herr, erbarme dich.

Du schaust nicht auf das Äußere, du schaust auf das,
was einen Menschen im Herzen bewegt, was er kann und was er will.
Christus, erbarme dich.

Du traust Menschen etwas zu und stärkst ihnen den Rücken.
Herr, erbarme dich.

Erbarme dich unser, Gott, nimm alles von uns, was uns innerlich blockiert, was uns daran hindert, unser Leben so zu entfalten, wie du es uns geschenkt hast. Amen.

Gebet

Gott, unser Vater,
manchmal sind wir Menschen blind für das,
was in unseren Mitmenschen steckt.
Manchmal sehen wir sie nur in bestimmten Rollen
und engen sie damit ein.
Öffne unsere Sinne für das,
was Menschen wirklich bewegt,
welche Talente in ihnen stecken,
welche innere Leidenschaft sie bewegt,
damit sich der Himmel für sie und für uns selbst öffnet
durch Jesus Christus, unseren Bruder und Herrn. Amen.

Schriftlesung: 1 Sam 16,1b.6–7.10–13b

Zwischengesang: GL 555,1–4: Morgenstern der finstern Nacht

Evangelium: Joh 9,1.6–9.13–17.34–38 (Kurzfassung)

Predigt: Gott schaut auf dein Herz!

I. Die Fassade muss stimmen
»Bewerben heißt sich präsentieren. Und das möglichst individuell und kreativ.« – So findet man es auf der Homepage eines Schweizer Instituts für Personalmarketing.

Sich präsentieren – das ist heute alles. Das lernen die Schülerinnen und Schüler schon in der Schule. So wählen die Schüler für das mündliche Abitur in Religion ein Thema aus, das sie dann möglichst originell präsentieren sollen. Dabei stehen die Prüfer immer in der großen Gefahr, sich leicht von Äußerlichkeiten beeinflussen zu lassen:

Da ist eine junge hübsche Dame, die mit charmantem Auftreten die Herzen so gewinnt, dass die Inhalte fast in den Hintergrund treten. Da ist ein Schüler, der selbstbewusst, geradezu weltmännisch auftritt und dadurch allein die Prüfungskommission schon überzeugt. Da ist aber andererseits die etwas bieder und schüchtern auftretende Schülerin, die auch sonst im Unterricht selten geglänzt hat, die sich, obwohl sie inhaltlich weitaus besser vorbereitet ist als ihre beiden Vorgänger, nicht durchsetzen kann.

Nicht, dass die Prüfer das absichtlich täten. Nicht, dass sie nicht den Anspruch hätten, möglichst gerecht zu urteilen. Aber wir Menschen lassen uns vom Äußeren leicht beeinflussen, lassen uns von der Fassade manchmal mehr beeindrucken als vom Inhalt.

Oder ging es Ihnen nicht vielleicht auch schon so, dass Sie nach einer guten Flasche Wein geschaut haben, den Inhalt aber nicht kosten konnten und deshalb die Flasche wegen des seriös wirkenden Etiketts gewählt haben? Millionen, ja vermutlich Milliarden investiert die Wirtschaft dafür, dass die Fassade stimmt und Menschen dadurch zum Kauf beeinflusst.

II. Gott wählt anders aus

Die heutige Schriftlesung setzt – wenn man so will – dem einen Kontrapunkt gegenüber: »Gott sieht nicht auf das, worauf der Mensch sieht. Der Mensch sieht, was vor den Augen ist, der Herr aber sieht das Herz.«

Dabei muss man beachten, dass das Herz im hebräischen Denken nicht einfach der Sitz der Gefühle ist, sondern der Sitz des menschlichen Willens. Wer ins Herz schaut, schaut, was ein Mensch wirklich will und wozu er in der Lage ist.

Samuel erhält den Auftrag Gottes, in seinem Namen einen König zu salben. Er wird nach Bethlehem zur Familie Isais geschickt. Einer seiner Söhne soll der neue König, der Nachfolger des erfolglosen Sauls werden.

Wir wissen nicht genau, worauf Samuel geschaut hat, was er sich selbst von einem neuen König erwartete. Vielleicht einen stattlichen, großen Mann, der nach außen schon durch seine Gestalt imponiert, dazu ein entsprechendes Lebensalter hat und dadurch Erfahrung ausstrahlt? Auf jeden Fall scheinen seine Kriterien andere zu sein als die, die Gott anlegt, denn angefangen von Eliab, den Samuel wohl selbst als den Favoriten angesehen hätte, entspricht keiner der sieben Söhne den Kriterien Gottes.

Einer dagegen, den Vater Isai selbst wohl gar nicht in Frage kommen sieht, weil er zu klein und zu jung ist, einer fehlt noch, weil er die Schafe hütet. Als David dann geholt wird, heißt es über ihn: »David war blond, hatte schöne Augen und eine schöne Gestalt.« Gewiss sind auch das Äußerlichkeiten, aber gewiss nicht die, die einen Menschen zum König machen. Ein blonder Schönling, jung und unerfahren, ein Schafhirte wird zum König gesalbt. David bringt äußerlich zunächst nur wenig mit, was ihn in den Augen der anderen zum König macht.

Und dennoch wird er durch seine Klugheit, durch seine politische Gewandtheit zum vielleicht erfolgreichsten König der Geschichte des Volkes Israel. Und das eben nur, weil Gott nicht auf das schaut, auf was wir Menschen schauen; weil Gott David etwas zutraut, was ihm die anderen damals wohl nicht zugetraut hätten; weil David aus diesem Zutrauen Mut schöpft, seine Talente ein- und seine Ideen umzusetzen. Und so baut er das Stammesvolk Israel zu einem nach damaligen Kriterien modernen Staat um.

III. Gott schaut auf dein Herz

Gott schaut nicht auf die Fassade. Gott schaut auf das Herz des Menschen, auf das, was er wirklich will und wozu er in der Lage ist. Gott wählt David nicht deshalb, weil er äußerlich dem Prototyp des Königs entspricht. Gott wählt David, weil er ahnt, dass David einen starken Willen hat, dass er klug und gewandt genug sein wird, um dieses schwierige Amt auszuüben. Gott schaut auf das, was David wirklich kann. Gott schaut auf sein Herz.

Gott lässt sich nicht bluffen. Er weiß, was er an Menschen hat. Er schätzt ihre Talente und Fähigkeiten. Er sieht, was sie wirklich können. Er traut ihnen etwas zu.

Manchmal sind wir Menschen ja gerade deshalb voneinander enttäuscht: Weil andere Menschen gerade nicht wissen, was sie an uns haben. Oder weil uns andere bestimmte Aufgaben nicht zutrauen, weil sie unsere Talente nicht kennen und schätzen. Oder weil wir in bestimmte Schubladen gesteckt werden, nach denen wir nur für ganz bestimmte Aufträge geeignet sind. Weil wir vollkommen falsch eingeschätzt werden. Weil man uns nur in bestimmten Rollen sieht und andere Rollen gar nicht zutraut.

Das passiert übrigens auch Jesus im heutigen Evangelium. Auch die Pharisäer schauen nur auf die Fassade, bleiben nur in ihren Rollenschemata stecken: »Dieser Mensch kann nicht von Gott sein, weil er den Sabbat nicht hält.« Deshalb tun sie alles, um Jesus seine heilsamen Fähigkeiten, seine besondere Beziehung zu Gott abzusprechen. Aber Jesus lässt sich nicht beirren und einschüchtern. Er geht seinen Weg weiter, weil er um seinen Auftrag weiß, weil er darum weiß, was Gott ihm zugetraut hat. Das Wissen darum macht Jesus stark. Das Wissen darum hat auch David stark gemacht.

Vielleicht kann es auch uns stark machen: Gott schaut nicht auf die Fassade. Gott weiß um das, was du kannst, wozu in der Lage bist. Gott schaut auf dein Herz, auf das, was du willst – mit all deiner Leidenschaft. In diesem Vertrauen geh deinen Weg und lass dich nicht beirren! Gott traut dir das zu. Amen.

Glaubensbekenntnis: GL 356: Großes Glaubensbekenntnis

Fürbitten

Gott, unser Vater,
du schaust auf unser Herz. Du weißt um das, was wir können. Du weißt um das, was wir im tiefsten Innern wollen. Du traust uns etwas zu. Deshalb bitten wir dich:

- Für alle Menschen, die ihr Selbstvertrauen verloren haben, die sich minderwertig gegenüber anderen fühlen, weil sie immer klein gemacht worden sind. Gott, wir bitten dich: Stärke sie und richte sie auf.
- Für alle Menschen, die ihre Arbeit und damit ihre berufliche Perspektive verloren haben. Gott, wir bitten dich: Stärke sie und richte sie auf.
- Für alle Menschen, die in Hunger und Not sind, die deshalb auch oft nicht die Möglichkeit haben, all ihre Talente und Fähigkeiten zu entfalten. Gott, wir bitten dich: Stärke sie und richte sie auf.
- Für alle Kinder und Jugendlichen, die noch dabei sind, ihre Begabungen zu entfalten und sich eigene Wege zuzutrauen. Gott, wir bitten dich: Stärke sie und richte sie auf.
- Für alle alten Menschen, die sich zurückgezogen haben, die den Glauben daran verloren haben, sie könnten noch etwas bewirken. Gott, wir bitten dich: Stärke sie und richte sie auf.

- Für alle Sterbenden, deren Leben dem Ende zugeht. Gott, wir bitten dich: Stärke sie und richte sie auf.

Denn dein Zutrauen zu uns Menschen kann Tote wieder lebendig machen, kann kleine Menschen zu großen werden lassen, kann Menschen von ihren Lasten wieder aufrichten. Darauf vertrauen wir in Jesus Christus, unserem Bruder und Herrn. Amen.

Lied zur Gabenbereitung: GL 538,1.6–7: O heilger Leib des Herrn

Gebet

Guter Gott,
wir bringen dir Brot und Wein.
Wir bringen dir unsere Gaben,
unsere Begabungen, unsere Talente und Fähigkeiten.
Stärke uns durch deine Gegenwart,
dass wir diese, unsere Begabungen zur Entfaltung bringen,
dass wir an deiner Sache, am Reich Gottes mitbauen,
damit es unter uns wachse und Wirklichkeit werde.
Darum bitten wir durch Jesus Christus, unseren Bruder und Herrn. Amen.

Präfation

Sanctus: GL 501: Heilig, heilig, heilig Gott

Hochgebet – Vaterunser – Friedensgruß – Agnus Dei – Kommunion – Stille

Danklied: GL 557,1–3

Gebet

Gott, unser Vater,
wir danken dir für deine Gegenwart,
die uns aufgeleuchtet ist in Brot und Wein,

in den Worten der Heiligen Schrift.
Wir danken dir für dein Zutrauen,
das du zu uns hast;
dass du uns stärkst,
unsere Begabungen und Talente zu entfalten.
Wir danken dir für deine Liebe,
die uns lebendig geworden ist im Leben deines Sohnes Jesus Christus,
der mit dir lebt und liebt in alle Ewigkeit. Amen.

Segen – Entlassung

Herr, unser Gott,
du schaust nicht auf die Fassade, nicht auf Äußerlichkeiten.
Du schaust auf unser Herz.
So bitten wir dich:
Begleite uns mit deinem Segen durch die kommende Woche.
Begleite uns durch die schwierigen Momente,
durch die Momente, in denen wir uns nicht entfalten,
unsere Begabungen nicht wirklich einsetzen können.
Begleite uns durch die schönen Momente,
in denen wir froh und glücklich sind,
in denen sich unser Menschsein verwirklicht.
Sei du die Kraft, die uns Zutrauen gibt zu unserem Leben,
die uns aber auch anderen Menschen Vertrauen schenken lässt. Amen.

So segne uns Gott, der Vater, der Sohn und der Heilige Geist. Amen.

Schlusslied: GL 293,1–2.4: Auf dich allein ich baue

7. Ich werde eure Gräber öffnen – 5. Fastensonntag

Eingangslied: GL 621,1–3: Ich steh vor dir mit leeren Händen, Herr (oder alternativ: Steht auf vom Tod)

Liturgische Begrüßung – Einführung

»Steht auf vom Tod, ihr seid geweckt.« – So beginnt eines der schönsten Lieder, die Peter Janssens und Wilhelm Willms in ihrem modernen geistlichen Musical »Ave Eva« geschrieben haben.

»Steht auf vom Tod, ihr seid geweckt.« – Dazu machen uns die Texte des heutigen Sonntags Mut. Es sind Texte, die Hoffnung machen wider alle Hoffnungslosigkeit, die Mut machen, darauf zu vertrauen, dass Gott ein Gott des Lebens ist, der die Kraft hat, den Tod zu überwinden, die Gräber in unserem Leben zu öffnen.

Dieser Gott macht einen Aufstand, einen Aufstand gegen den Tod, und er fordert uns auf, an diesem Aufstand teilzuhaben, selbst immer wieder gegen den Tod aufzustehen, uns nicht vom Tod kleinkriegen zu lassen. Diesen Gott des Aufstandes gegen den Tod wollen wir nun im Gottesdienst miteinander feiern.

Kyrie

Herr Jesus Christus,
du reißt Menschen aus der Resignation.
Du schenkst Menschen Hoffnung mitten in aller Hoffnungslosigkeit.
Herr, erbarme dich.

Du lässt die Menschen vom Tod aufstehen,
führst sie ins Leben zurück.
Christus, erbarme dich.

Du bist die Auferstehung und das Leben.
Wer an dich glaubt, wird leben, auch wenn er stirbt.
Herr, erbarme dich.

Der gute Gott erbarme sich unser, er nehme alle Sünde, alles Tödliche in unserem Leben von uns, öffne unsere Gräber, öffne uns für das Leben, das uns in Jesus Christus aufgeleuchtet ist. Amen.

Gebet

Gott, unser Vater,
du bist der Gott des Lebens,
der Gott, der gegen allen Tod aufsteht,
der uns Mut macht,
selbst gegen den Tod aufzustehen,
der Hoffnung zu trauen,
dass du uns Wege des Lebens führen wirst –
Wege, die wir noch nicht ahnen und kennen.
So bitten wir dich voll Vertrauen:
Öffne die Gräber unseres Lebens
durch Jesus Christus, unseren Bruder und Herrn. Amen.

Schriftlesung: Ez 37,12b–14

Zwischengesang: GL 220,3–4: Wir sind getauft auf Christi Tod

Evangelium: Joh 11,1–7.17.20–27.33b–45 (Kurzfassung)

Predigt:

I. Mitten im Leben der Tod
Der Tod geschieht nicht erst am Lebensende. Viele Tode sterben wir während unseres Lebens:

Da ist eine Frau Mitte 40. Nach einer gescheiterten Beziehung zieht sie sich immer mehr zurück. Es tut sich keine neue Beziehung auf, obwohl sie andererseits immer gerne eine Familie gehabt hätte. Und nun mit den Wechseljahren muss sie ihren Kinderwunsch begraben.

Da ist ein Mann um die 50, der immer einen Traum von einer ganz bestimmten Stelle hatte. Nach einigen gescheiterten Bewerbungen spürt er, dass ihm manche Voraussetzungen für die Stelle fehlen, dass ihm deshalb immer wieder andere Bewerber vorgezogen werden. Er muss seinen Traum begraben.

Da ist ein junger Mann Mitte 20, der beim Fußball eine schwere Verletzung erlebt. Der Arzt diagnostiziert das Ende seiner hoffnungsvollen Karriere.

Da ist die junge Frau, die geglaubt hatte, die große Liebe ihres Lebens gefunden zu haben. Dann merkt sie, dass ihr Mann ständig fremdgeht. Die Ehe zerbricht.

Da ist der alte Mann kurz vor der Rente, dessen Unternehmen in einer Wirtschaftskrise untergegangen ist mitsamt seinen Ersparnissen. Kurz vorm Ruhestand steht er vor dem Ruin.

Da sind die Eltern, deren Sohn bei einem Verkehrsunfall ums Leben gekommen ist. Mit ihm ist alle Freude in ihrem Leben gestorben.

Da ist die alte Dame, die lange Zeit noch zuhause leben konnte und nun ins Pflegeheim muss. Sie muss Abschied nehmen von ihrer Wohnung, die ihr 60 Jahre lang Heimat war.

Manchmal ganz plötzlich, manchmal sich lange ankündigend, bricht der Tod in unser Leben ein, stehen wir mitten im Leben vor unseren Gräbern, müssen Hoffnungen begraben.

II. Gott hat andere Möglichkeiten
Eine solche Situation erlebt auch das Volk Israel in der Zeit, in der der Prophet Ezechiel die Worte der heutigen Schriftlesung niedergeschrieben hat. 596 v. Chr. erobert der babylonische Herrscher Nebukadnezzar Jerusalem. Ezechiel wird mit dem judäischen König Jojachin in die Gefangenschaft nach Babylon geführt. Zunächst hofft er, dass er wieder zurückkehren kann. Doch 586 v. Chr. wird Jerusalem erneut durch die Babylonier erobert, diesmal dem Erdboden gleichgemacht. Der Tempel, das religiöse Zentrum, wird zerstört und die Bevölkerung Jerusalems zu Tausenden ins Exil nach Babylon geführt. 2000 km Luftlinie fern der Heimat sitzen sie nun an den Flüssen von Babylon und weinen. In Ez 37,11 – in dem Vers kurz vor unserer Schriftlesung – sprechen die Israeliten:

»Ausgetrocknet sind unsere Gebeine, unsere Hoffnung ist untergegangen, wir sind verloren.« Israel ist im wahrsten Sinne des Wortes am Ende.

In diese Situation hinein verkündet Ezechiel das Wort Gottes: »Ich öffne eure Gräber und hole euch, mein Volk, aus euren Gräbern herauf. Ich bringe euch zurück in das Land Israel. ... Ich hauche euch meinen Geist ein, dann werdet ihr lebendig.«

Wenn Ezechiel hier vom Einhauchen des Geistes spricht, erinnert er an die Schöpfung, in der Gott dem Menschen seinen Atem, seinen Geist einhauchte. Jener, der Grund allen Lebens ist, der dem Menschen das Leben geschenkt hat, lässt ihn auch im Tod nicht im Stich. Da, wo der Mensch mit seinem Latein am Ende ist; da, wo sich unerbittliche Mauern in das Leben des Menschen geschoben haben; da, wo er nur noch Tod sieht und kein Leben mehr, da hat Gott noch andere Möglichkeiten.

Mitten in die Depression, mitten in die Untergangsstimmung seines Volkes hinein verkündet Ezechiel seine Prophetie der Hoffnung. Im Anblick von Ende und Leid, von Tod und Schmerz verkündet Ezechiel wider alle Hoffnungslosigkeit die Verheißung Gottes: »Ich werde eure Gräber öffnen.« Ich werde euch nicht im Tod belassen.

Ganz ähnlich spricht Jesus im heutigen Evangelium: »Ich bin die Auferstehung und das Leben. Wer an mich glaubt, wird leben, auch wenn er stirbt.« Gott ist kein Gott des Todes, sondern ein Gott des Lebens. Gott lässt uns nicht in unseren Gräbern sitzen. Gott haucht uns neuen Lebensatem ein. Davon sind sowohl Ezechiel als auch der Evangelist Johannes überzeugt.

III. Gott öffnet unsere Gräber
»Ich werde eure Gräber öffnen.« – Diese Verheißung gilt auch uns Menschen von heute, gilt auch uns in den Momenten, in denen wir vor unserer eigenen Hoffnungslosigkeit stehen, in denen wir mit unserem Latein am Ende sind, in denen wir nur noch auf unsere schweigenden Gräber schauen. Auch wir dürfen darauf vertrauen, dass Gott andere Möglichkeiten hat als die, über die wir Menschen verfügen.

Ob Ezechiel noch erlebt hat, dass sein Volk wieder nach Jerusalem zurückkehren durfte, darf wohl bezweifelt werden. Aber er hat trotzdem die Hoffnung nie aufgegeben, dass Gott ihn, dass Gott sein Volk vom Tod zum Leben führt, dass Gott den Menschen neue Wege öffnet.

Gewiss sind manche Lösungsmöglichkeiten verschlossen: Die Frau in den Wechseljahren wird wohl keine Kinder mehr bekommen. Der Fußballstar wird seine Karriere wohl beenden müssen. Der Wirtschaftsruin des Unternehmens ist nicht mehr rückgängig zu machen. Und wenn wir vor den Gräbern unserer Angehörigen stehen, dann wissen wir darum, dass der tote Körper nicht einfach wiederbelebt werden kann.

Aber Gott hat andere Möglichkeiten. Dietrich Bonhoeffer, der berühmte evangelische Theologe, der selbst im Konzentrationslager Flossenbürg vor einer hoffnungslosen Situation stand, hat einmal gesagt:

»Gott erfüllt nicht alle unsere Wünsche, aber alle seine Verheißungen.« Gott nimmt nicht einfach alles Leid, nicht allen Schmerz von uns. Er erfüllt – warum auch immer – nicht alle unsere Wünsche. Aber er öffnet uns neue Wege. Er öffnet unsere Gräber, wenn auch vielleicht auf ganz andere Weise, als wir das ahnen. Und er öffnet schließlich auch das letzte Grab, in das wir gelegt werden.

Ezechiel, der selbst wohl nie mehr nach Jerusalem zurückkehren durfte, hat diesen Glauben nie aufgegeben. Er hat die Hoffnung, die er wider alle Hoffnungslosigkeit gesetzt hat, nie sterben lassen. Er hat wie Bonhoeffer immer darauf vertraut, dass Gott, wenn er auch nicht all unsere Wünsche erfüllt, zu seiner Verheißung steht: »Ich werde eure Gräber öffnen.« Amen.

Glaubensbekenntnis: GL 4,2-4: Gebete um Glauben, Hoffnung und Liebe

Fürbitten

Gott, unser Vater,
viele Menschen erleben den Tod mitten im Leben. Viele Menschen stehen vor ihren Gräbern. Für sie bitten wir dich:

- Für alle, die vor dem Grab ihrer Liebe und Partnerschaft stehen. Gott, wir bitten dich: Führe sie zum Leben.
- Für alle, die vor dem Grab ihrer beruflichen Existenz stehen, die für sich keine beruflichen Perspektiven mehr sehen. Gott, wir bitten dich: Führe sie zum Leben.
- Für alle, die tief in der Hoffnungslosigkeit stecken, denen Ziele und Perspektiven für ihr Leben abhanden gekommen sind. Gott, wir bitten dich: Führe sie zum Leben.
- Für alle, die so tief in der Not stecken, dass sie nicht mehr wissen, wie sie sich und ihre Familien am nächsten Tag ernähren sollen. Gott, wir bitten dich: Führe sie zum Leben.
- Für alle, die durch Krankheit und Leid den eigenen Tod nahen sehen. Gott, wir bitten dich: Führe sie zum Leben.
- Für alle, die um einen lieben Menschen trauern, die tief in die Dunkelheit des Grabes hineinschauen. Gott, wir bitten dich: Führe sie zum Leben.

Denn du, Gott, hast uns verheißen, dass du die Gräber unseres Lebens öffnen wirst. So bitten wir dich: Führe uns aus allem Tod, aus allem Sterben immer wieder zu dem Leben, das du uns verheißen hast in und durch Jesus Christus, unseren Bruder und Herrn. Amen.

Lied zur Gabenbereitung: GL 618,1–3: Brich dem Hungrigen dein Brot (oder alternativ: Steht auf vom Tod)

Gebet

Guter Gott,
du machst mit uns den Aufstand gegen den Tod.
Du deckst für uns den Tisch des Lebens.
Wenn unser Tisch im wahrsten Sinne des Wortes leer ist,
wenn wir in die gähnende Leere des Grabes schauen,
stellst du uns Brot und Wein auf unseren Tisch.
Lass uns in Brot und Wein Anteil bekommen an dem Leben,
das uns aufleuchtet in Jesus Christus, unserem Bruder und Herrn. Amen.

Präfation

Sanctus: GL 481: Heilig, heilig, heilig ist Gott, der Herr der Mächte

Hochgebet – Vaterunser – Friedensgruß – Agnus Dei – Kommunion – Stille

Danklied: GL 472,1–2: O Jesu, all mein Leben bist du

Gebet

Gott, unser Vater,
wir danken dir für Brot und Wein,
für dein Wort und unser Zusammensein.
Wir danken dir für die communio, die Gemeinschaft,
die uns daraus erwächst: untereinander,
aber auch mit Jesus Christus, unserem Bruder und Herrn. Amen.

Segen – Entlassung

Herr, unser Gott,
du bist der Gott des Lebens,
der uns aufstehen lässt vom Tod.
Du bist der Gott des Lebens,
der unsere Gräber öffnet.
Du bist der Gott des Lebens,
der uns befreit aus der Hölle der Hoffnungslosigkeit,
der uns befreit zum Himmel voller Freude und Leben.
Darauf vertrauen wir und bitten dich:
Begleite uns mit deiner Leben spendenden Kraft,
begleite uns wider allen Tod mit deinem Segen!

So segne uns Gott, der Vater, der Sohn und der Heilige Geist. Amen.

Schlusslied: GL 266,1–2: Nun danket alle Gott
(alternativ: Manchmal feiern wir mitten am Tag)

... und schaue ins Leere

Kreuzweg und Kreuzmeditation

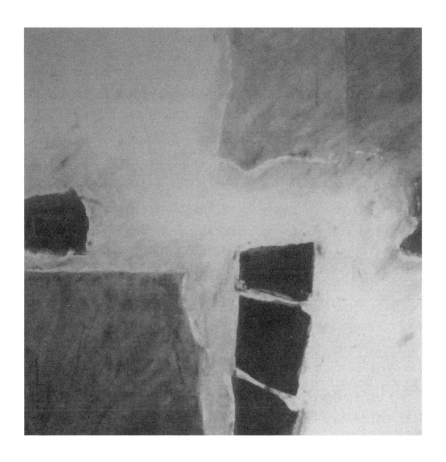

8. Lieben und Leiden – Der Dagersheimer Kreuzweg

Im Jahr 2001 lernte ich den Künstler Jörg Seemann durch eine Ausstellung seiner Bilder zum Thema »Kreuz« kennen.

Als im Jahr 2002 das Dach unserer Christus-König-Kirche in Dagersheim so durchlässig wurde, dass eine Renovierung zwingend notwendig war, bat ich unseren Kirchengemeinderat darum, dass wir bei diesen Renovierungsarbeiten, die im Jahr 2003 ihren Abschluss fanden, auch theologische Akzente setzen sollten. Die Christus-König-Kirche wirkte damals, obwohl sie den Titel des Auferstandenen als Namen trägt, alles andere als österlich. Es war eine dunkle Kirche, fast depressiv wirkend, mit einem schlichten Holzkreuz an der Wand.

Die erste Idee war, die Kirche durch einen helleren Anstrich des Gebälks und der Holzdecke, sowie durch entsprechende Lichteffekte heller und freundlicher zu gestalten.

Die zweite Idee war, dem Holzkreuz eine österliche Gestalt zu geben. Dabei kam mir wieder Jörg Seemann in den Sinn, der das alte Kreuz mit Tafeln auf beeindruckende Weise umrahmte, Tafeln, die u.a. die durchbrochene Dagersheimer Friedhofsmauer darstellen und dadurch dem Kreuz österliche Tiefe geben.

Die dritte Idee, die aus dem Kirchengemeinderat selbst kam, war, einen Kreuzweg zu gestalten, der zu diesem Kreuz hinführt. Da sich die vier Säulen auf beiden Seiten des Kirchenschiffs für den Kreuzweg anboten, überlegten Jörg Seemann und ich uns einen Kreuzweg mit acht Stationen (ähnlich wie bei vielen der Jugendkreuzwege), die auf der rechten Seite der Kirche Stationen der Liebe (1, 4, 5, 8), die Jesus auf diesem Weg widerfährt, zeigen, und auf der linken Seite Stationen des Leides (2, 3, 6, 7), das er auf diesem Weg erdulden muss. Die neunte Station ist dann praktisch das österlich gestaltete Kreuz im Altarraum.

Für diesen Kreuzweg habe ich hier nun eine Kreuzwegandacht gestaltet. Die Bilder zu den Stationen sind in Schwarz-Weiß hier im Buch abgedruckt. Auf der CD sind sie in Farbe zu finden, so dass Sie sie über Powerpoint oder durch Ausdruck auf Folien selbst an die Wand werfen können. Je nach Besucherzahl kann man die Bilder und Texte sogar über Farbdrucker für alle ausdrucken.

Station 1 – Gesalbt

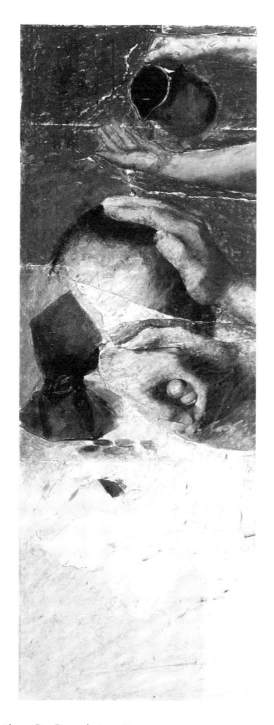

Wir hören die Heilige Schrift:
Als Jesus in Betanien im Haus Simons des Aussätzigen bei Tisch war, kam eine Frau mit einem Alabastergefäß voll echtem, kostbarem Nardenöl, zerbrach es und goss das Öl über sein Haar. Einige aber wurden unwillig und sagten zueinander: Wozu diese Verschwendung? Man hätte das Öl um mehr als dreihundert Denare verkaufen und das Geld den Armen geben können. Und sie machten der Frau heftige Vorwürfe. Jesus aber sagte: Hört auf! Warum lasst ihr sie nicht in Ruhe? Sie hat ein gutes Werk an mir getan. Denn die Armen habt ihr immer bei euch, und ihr könnt ihnen Gutes tun, so oft ihr wollt; mich aber habt ihr nicht immer. Sie hat getan, was sie konnte. Sie hat im Voraus meinen Leib für das Begräbnis gesalbt. Amen, ich sage euch: Überall auf der Welt, wo das Evangelium verkündet wird, wird man sich an sie erinnern und erzählen, was sie getan hat. (Mk 14,3–9)

Wir betrachten das Bild:
Eine Frau –
wir kennen ihren Namen nicht.
Vielleicht kannte ihn nicht einmal Jesus.

Eine Frau,
die voll ausschenkt
aus der Fülle dessen,
was sie hat und was sie ist.
Sie füllt die leere Hand,
bis sie überläuft –
so groß ist ihre Liebe!

Eine Frau,
die Jesus salbt –
eine zärtliche Geste,
die Schutz und Geborgenheit vermittelt.

Eine müde, kraftlose Hand,
die zärtlich von einer anderen umfasst wird.
Vielleicht die Hand eines Kranken,
vielleicht die einer Sterbenden –
gehalten von einer Hand,
die einfach nur da ist ohne große Worte,

die begleitet auf dem letzten Weg
hinein in die Dunkelheit des Todes.

Eine warme Hand –
Nähe vermittelnd,
im Kontrast zu der kalten Hand darunter,
die allein aufgehalten ist,
um das Geld zu empfangen.

Ist es das Geld des Verrats?
Ist es das Geld,
das man hätte besser verwenden können?

Ist es das Geld,
das man im Angesicht des Todes
eigentlich nicht mehr braucht?
Eine tote Hand, totes Kapital?

Eine Frau,
die Liebe schenkt im Überfluss,
die das Letzte schenkt,
was wir schenken können –
im Angesicht des Todes.

Amen,
ich sage euch:
Überall auf der Welt,
wo das Evangelium verkündet wird,
wird man sich erinnern
und erzählen, was sie getan hat. (Mk 14, 9)

Wir beten:
Wir bitten dich, Gott:
- Fülle unsere Herzen mit Liebe zu dir
  und damit auch mit Liebe zum Menschen,
  so wie diese Frau sie uns zeigt.
  Kyrie-Ruf

- Lass uns den Kranken und Sterbenden, denen wir begegnen,
  Wärme und Kraft, Nähe und Zärtlichkeit schenken,
  so wie diese Frau es mit Jesus getan hat.
  Kyrie-Ruf

- Lass uns darauf schauen, was wirklich zählt,
  unseren Blick nicht im Vergänglichen, im Materiellen verlieren,
  sondern den Schätzen des Herzens nachspüren.
  Kyrie-Ruf

Lied: GL 549,1–3: O Herz des Königs aller Welt

Station 2 – Verurteilt

Wir hören die Heilige Schrift:
Als Jesus vor dem Statthalter stand, fragte ihn dieser: Bist du der König der Juden? Jesus antwortete: Du sagst es. Als aber die Hohenpriester und die Ältesten ihn anklagten, gab er keine Antwort. Da sagte Pilatus zu ihm: Hörst du nicht, was sie dir alles vorwerfen? Er aber antwortete ihm auf keine einzige Frage, so dass der Statthalter sehr verwundert war. Jeweils zum Fest pflegte der Statthalter einen Gefangenen freizulassen, den sich das Volk auswählen konnte. Damals war gerade ein berüchtigter Mann namens Barabbas im Gefängnis. Pilatus fragte nun die Menge, die zusammengekommen war: Was wollt ihr? Wen soll ich freilassen, Barabbas oder Jesus, den man den Messias nennt? Er wusste nämlich, dass man Jesus nur aus Neid an ihn ausgeliefert hatte.

Während Pilatus auf dem Richterstuhl saß, ließ ihm seine Frau sagen: Lass die Hände von diesem Mann, er ist unschuldig. Ich hatte seinetwegen heute Nacht einen schrecklichen Traum. Inzwischen überredeten die Hohenpriester und die Ältesten die Menge, die Freilassung des Barabbas zu fordern, Jesus aber hinrichten zu lassen. Der Statthalter fragte sie: Wen von beiden soll ich freilassen? Sie riefen: Barabbas! Pilatus sagte zu ihnen: Was soll ich dann mit Jesus tun, den man den Messias nennt? Da schrien sie alle: Ans Kreuz mit ihm! Er erwiderte: Was für ein Verbrechen hat er denn begangen? Da schrien sie noch lauter: Ans Kreuz mit ihm! Als Pilatus sah, dass er nichts erreichte, sondern dass der Tumult immer größer wurde, ließ er Wasser bringen, wusch sich vor allen Leuten die Hände und sagte: Ich bin unschuldig am Blut dieses Menschen. Das ist eure Sache! (Mt 27, 11–24)

Wir betrachten das Bild:
Jesus vor Pilatus.
Gefesselt. Wehrlos ausgeliefert.
Verurteilt, schon bevor es zu einem Urteil kommt.

Die Hand des Pilatus deutet auf ihn.
Der Arm des Pilatus – wie ein corpus
mit zerbrochenen Armen
und einem schreienden Gesicht.
In dem Arm bildet sich das Leid Jesu ab:
Abgeurteilt – zum Tode verurteilt.
Ans Kreuz mit ihm!

Der Kopf des Pilatus –
nachdenklich in seine Hand gestützt.
Pilatus tut nichts,
er denkt nur darüber nach,
wie er sich am besten aus der Affäre zieht.
Er ist wie gelähmt.
Er bleibt in sich selbst gefangen,
anstatt für den Bruder einzutreten.
Aus dieser Selbstgefangenheit
wächst das Kreuz
wie ein mächtiger Baumstamm.
Das Kreuz
wächst aus unserem Nichtstun.

Die sich in Unschuld waschende Hand verblasst.
Sie ist eine Hand des Todes.
Sie ist eine Hand, die zum Tod führt,
weil sie nicht die Kraft hat, denen zu widerstehen,
die da rufen:
Ans Kreuz mit ihm!

Wir beten:
Wir bitten dich, Gott:
- Führe uns zur Besinnung, lass uns innehalten,
  bevor wir mit unseren Fingern auf andere deuten,
  sie verurteilen, sie gar in den Abgrund stürzen.
  Kyrie-Ruf

- Stärke in uns die Kraft zum Widerstand,
  dass wir den Mut haben, für die Schwächeren in dieser Welt einzutreten.
  Kyrie-Ruf

- Lass uns uns nicht zurückziehen, wenn es schwierig wird,
  lass uns nicht in unserem Selbstvertrauen verblassen,
  sondern stärke uns in der Geradlinigkeit unseres eigenen Weges.
  Kyrie-Ruf

Lied: GL 180,1: Herzliebster Jesu, was hast du verbrochen

Station 3 – Geschlagen

Wir hören die Heilige Schrift:

Da nahmen die Soldaten des Statthalters Jesus, führten ihn ins Prätorium, das Amtsgebäude des Statthalters, und versammelten die ganze Kohorte um ihn. Sie zogen ihn aus und legten ihm einen purpurroten Mantel um. Dann flochten sie einen Kranz aus Dornen; den setzten sie ihm auf und gaben ihm einen Stock in die rechte Hand. Sie fielen vor ihm auf die Knie und verhöhnten ihn, indem sie riefen: Heil dir, König der Juden! Und sie spuckten ihn an, nahmen ihm den Stock wieder weg und schlugen ihm damit auf den Kopf. Nachdem sie so ihren Spott mit ihm getrieben hatten, nahmen sie ihm den Mantel ab und zogen ihm seine eigenen Kleider wieder an. (Mt 27,27–31)

Wir betrachten das Bild:

Sie nahmen
und schlugen ihn.
Sie hatten womöglich noch Freude daran,
ihm Schmerzen zuzufügen;
Lust daran,
ihn leiden zu sehen.
Was ist der Mensch,
dass er so gewalttätig ist?

Die Werkzeuge der Folter –
sie liegen fast unschuldig
auf einem weißen Tuch.
Sie werden erst durch den,
der sie benützt,
zu Werkzeugen des Schreckens:
die Geißel,
der Hammer,
die Nägel.

Schwarze Hände tragen das Kreuz –
Jesus – Bruder der Schwarzen,
Bruder der Sklaven,
mit der Peitsche getrieben
die schwere Last tragend.
Das Kreuz ist unerträglich.

Die Dornenkrone erinnert an den Stacheldrahtzaun
der Konzentrationslager.
Menschen werden mit Füßen getreten,
in ihrer Würde verhöhnt und verspottet,
ihr Leben missachtet,
im Tod achtlos in eine Grube geschoben.
Jesus – König der Juden,
Bruder der Juden,
denen diese Dornenkrone aufgesetzt wurde.
Der Spott wird zur bitteren Wahrheit.

Dann führten sie Jesus hinaus,
um ihn zu kreuzigen.
Eine Wiederholungsgeschichte.
Immer noch.
Wann wird SEIN Schmerzensschrei
verstummen?

Wir beten:
Wir bitten dich, Gott:
- Für alle Menschen auf dieser Welt,
  die in ungerechten Verhältnissen leben.
  Lass sie Menschen finden, die sich für sie einsetzen,
  die Sorge tragen für Gerechtigkeit in dieser Welt.
  Kyrie-Ruf

- Für alle Menschen, die gefoltert werden,
  denen unbarmherzig Schmerz und Leid zugefügt wird.
  Lass sie Menschen finden, die sich vor sie stellen
  und sie nicht ihrer Schutzlosigkeit überlassen.
  Kyrie-Ruf

- Für unser deutsches Volk,
  das in den Konzentrationslagern so vielen Menschen,
  vor allem unseren jüdischen Schwestern und Brüdern Leid zugefügt hat.
  Vergib unserem Volk seine Schuld,
  und lass uns dafür Sorge tragen,
  dass so etwas nie wieder passiert.
  Kyrie-Ruf

Lied: GL 179,1: O Haupt voll Blut und Wunden

Station 4 – Getragen

Wir hören die Heilige Schrift:
Dann führten sie Jesus hinaus, um ihn zu kreuzigen. Auf dem Weg trafen sie einen Mann aus Zyrene namens Simon; ihn zwangen sie, Jesus das Kreuz zu tragen. So kamen sie an den Ort, der Golgota genannt wird, das heißt Schädelhöhe. (Mt 27,31b–33)

Wir betrachten das Bild:
Simon von Zyrene –
er trägt das Kreuz für Jesus.
Freiwillig?
Nein!
Und doch Sinnbild all derer,
die anderen etwas von ihrer Last abnehmen.

Hände, die zulangen,
das Kreuz anheben,
die Last von der Schulter nehmen,
wieder Luft zum Atmen geben,
Luft zum nächsten Schritt.

Wie gut tut es,
wenn mir einer den Rücken frei macht –
sei es, auch nur für ein paar Momente.

Die eine Hand Jesu –
fast leblos hat sie das Kreuz losgelassen.
Verkrampft von der Anstrengung des Tragens.
Müde. Erschöpft.
Die Last ist untragbar geworden.

Zwei Hände –
schmerzverzerrt ins Holz gekrallt,
als wollten sie es zerdrücken.
Doch das Kreuz ist zu hart.
Es lässt sich nicht wegdrücken.
Es lässt sich nicht wegschieben.
Das Kreuz bleibt.

Doch da sind auch zwei Hände,
die das Kreuz anheben,
halten,
stützen.
Wie gut tut es,
wenn da einer ist,
der trägt mitten in der Untragbarkeit!
Hände,
die ihre Kraft, ihre Dynamik
der Unerträglichkeit des Kreuzes
entgegenstellen.

Wir beten:
Wir bitten dich, Gott:

- Für alle Menschen, denen die Puste ausgeht,
  die keine Luft mehr haben zum nächsten Schritt.
  Lass sie Menschen finden,
  die ihnen wie Simon von Zyrene einen Teil ihrer Last abnehmen.
  Kyrie-Ruf

- Für alle Menschen, die so unter körperlichen Lasten leiden,
  dass sie diese Last nicht mehr zu tragen in der Lage sind.
  Lass sie Menschen finden, die ihnen zur Seite stehen
  und ihnen Lasten des Alltags abnehmen.
  Kyrie-Ruf

- Für alle Menschen,
  denen die eigenen psychischen Kräften so entschwunden sind,
  dass sie nichts mehr leisten,
  dass sie dem Leben nichts mehr entgegensetzen können.
  Lass sie Menschen finden, die ihnen Mut machen
  und ihnen die notwendige Geduld entgegenbringen.
  Kyrie-Ruf

Lied: GL 179,3: Die Farbe deiner Wangen

Station 5 – Geliebt

Wir hören die Heilige Schrift:

Es folgte eine große Menschenmenge, darunter auch Frauen, die um ihn klagten und weinten. Jesus wandte sich zu ihnen um und sagte: Ihr Frauen von Jerusalem, weint nicht über mich; weint über euch und eure Kinder! (Lk 23, 27–28)

Wir betrachten das Bild:

Veronika –
sie taucht in der Bibel gar nicht auf.
Für manche nur eine Legende.
Aber doch so wahr.
Doch so wünschenswert wirklich.

Für mich ist sie eine
der weinenden Frauen am Wegesrand,
eine der Frauen,
die sich nicht damit abfinden wollen,
eine derer,
die sich bekennen und nicht verstecken.

In dem geballten Schweißtuch
steckt ihre ganze Wut,
ihr Zorn über das,
was da geschieht.
Es ist auch ihre Wehrlosigkeit,
die sie da in seine Hand legt.

Weint nicht über mich;
weint über euch und eure Kinder.
Weint darüber,
dass Gewalt und Krieg kein Ende haben.
Weint über die vielen,
die nach mir sterben müssen.

Zärtlich wischt ihre Hand
den Schweiß von seiner Stirn.
Ein Mahnmal der Liebe,
das sich über das Kreuz legt.

Trotz aller Ohnmacht –
die Liebe wird sich durchsetzen.

Eine leise Hoffnung,
leicht wie ein Tuch,
manchmal nur noch unscharf zu erkennen.

Wir beten:
Wir bitten dich, Gott:

- Lass uns das Leid unserer Mitmenschen
  sensibel und feinfühlig wahrnehmen wie einst Veronika.
  Lass uns nicht davor fliehen, sondern dableiben,
  auch wenn das manchmal Tränen kostet.
  Kyrie-Ruf

- Lass uns protestieren,
  wenn Menschen von anderen gequält oder drangsaliert werden.
  Schenke uns die wütenden Tränen einer Veronika,
  wenn Menschen durch andere Menschen leiden müssen.
  Kyrie-Ruf

- Lass uns der Hoffnung trauen,
  dass sich die Liebe durchsetzen wird gegen alle Gewalt dieser Welt;
  dass die unzähligen Tränen, die auf dieser Welt geweint werden,
  aufgefangen werden in deiner Liebe.
  Kyrie-Ruf

Lied: GL 903,1–3: Lass uns in deinem Namen, Herr

Station 6 – Entblößt

Wir hören die Heilige Schrift:
Dann kreuzigten sie ihn. Sie warfen das Los und verteilten seine Kleider unter sich und gaben jedem, was ihm zufiel. (Mk 15,24)

Wir betrachten das Bild:
Sie würfeln um ihn.
Er ist nichts mehr wert.
Nur noch ein Spielball.
Der Mensch zählt nichts mehr –
nur noch das Spiel.
Wie demütigend!

Sie reißen ihm die Kleider vom Leib.
Geballte Kraft –
Symbol der Macht,
die sie über ihn haben.

Eine fürchterliche Gewalt,
die sich in den Händen ausdrückt.
Und doch eine Gewalt,
die nicht körperlich schmerzt,
die nicht äußerlich verletzt,
sondern innerlich.

Entblößt zu werden –
das tut weh.
Schutzlos ausgeliefert sein.
Nackt sein.
Ihrem Spott,
ihrem Hohn,
ihrer Spiellust ausgesetzt.
Lächerlich gemacht.

Nicht der Körper,
die Seele schreit:
Warum tut ihr mir das an?
Warum nehmt ihr mir die letzte Würde?

Wir beten:
Wir bitten dich, Gott:

- Behüte uns davor,
  andere Menschen durch unseren Spott zu entblößen,
  andere Menschen durch unser Tun zu entwürdigen.
  Kyrie-Ruf

- Lass uns aufmerken,
  wo Menschen mit psychischer Gewalt gedemütigt
  und in tiefe Einsamkeit hinabgestürzt werden.
  Lass uns ihnen zur Seite stehen.
  Kyrie-Ruf

- Mache uns sensibel für die Momente,
  in denen Menschen nichts mehr wert sind,
  in denen sie zum Spielwürfel menschlicher Machtgelüste werden.
  Und gebe uns den Mut, dann unsere Stimme für sie zu erheben.
  Kyrie-Ruf

Lied: GL 179, 2: Du edles Angesichte

Station 7 – Getötet

Wir hören die Heilige Schrift:
Es war etwa um die sechste Stunde, als eine Finsternis über das ganze Land hereinbrach. Sie dauerte bis zur neunten Stunde. Die Sonne verdunkelte sich. Der Vorhang im Tempel riss mitten entzwei, und Jesus rief laut: Vater, in deine Hände lege ich meinen Geist. Nach diesen Worten hauchte er den Geist aus.

Als der Hauptmann sah, was geschehen war, pries er Gott und sagte: Das war wirklich ein gerechter Mensch. Und alle, die zu diesem Schauspiel herbeigeströmt waren und sahen, was sich ereignet hatte, schlugen sich an die Brust und gingen betroffen weg. Alle seine Bekannten aber standen in einiger Entfernung (vom Kreuz), auch die Frauen, die ihm seit der Zeit in Galiläa nachgefolgt waren und die alles mit ansahen. (Lk 23,44–49)

Wir betrachten das Bild:
Getötet!
Seine Kraft war am Ende,
sein Widerstand gebrochen.
Seine blutige Hand
leblos am Kreuz.

Klagende Hände,
verzweifelt,
hadernd.
Warum ist das geschehen?
Warum musste er sterben?

Jesus – der Bruder aller Sterbenden,
der Bruder aller ungerecht Getöteten.

Über dem Kreuz
ein Gesicht,
weinend in die Hände gelegt.
Die Dornenkrone scheint sich
auf dieses weinende Haupt zu legen.

Der Weg der Trauer –
ein dorniger Weg,
der schmerzt.

Ein Leidensweg,
der mit dem Kreuz erst beginnt.

Die Tränen der Trauer –
eine Dornenkrone,
die viele Menschen tragen.

Wir beten:
Wir bitten dich, Gott:

- Sei allen Menschen nahe,
  die auf gewalttätige und ungerechte Weise sterben müssen.
  Führe ihr Leben trotz aller Unerfülltheit ihres irdischen Daseins zur Erfüllung.
  Sei du die Hoffnung, dass ihr Leben nicht verloren ist.
  Kyrie-Ruf

- Sei in Jesus allen Sterbenden nahe.
  Stärke sie im Glauben und in der Hoffnung,
  so dass sie den Schmerz des Sterbens ertragen können,
  so dass sie den Mut finden, in das Dunkel des Todes hineinzugehen.
  Kyrie-Ruf

- Wohne in den Tränen der Trauernden.
  Tröste sie in ihrem Leid.
  Sei ihnen nahe in ihrem Schmerz,
  in der Sehnsucht nach dem, den sie vermissen.
  Kyrie-Ruf

Lied: GL 179, 5–6: Ich danke dir von Herzen / Wenn ich einmal soll scheiden

Station 8 – Beweint

Wir hören die Heilige Schrift:
Am ersten Tag der Woche kam Maria von Magdala frühmorgens, als es noch dunkel war, zum Grab und sah, dass der Stein vom Grab weggenommen war. […] Maria aber stand draußen vor dem Grab und weinte. Während sie weinte, beugte sie sich in die Grabkammer hinein. Da sah sie zwei Engel in weißen Gewändern sitzen, den einen dort, wo der Kopf, den anderen dort, wo die Füße des Leichnams Jesu gelegen hatten. Die Engel sagten zu ihr: Frau, warum weinst du? Sie antwortete ihnen: Man hat meinen Herrn weggenommen, und ich weiß nicht, wohin man ihn gelegt hat. (Joh 20,1.11–13)

Wir betrachten das Bild:
Als es noch dunkel in ihr war,
ging Maria zum Grab –
allein.

Ein letztes Mal bei ihm sein,
seinen Kopf in den Händen halten.
Der letzte Liebesdienst.
Seinen Kopf
mit Tränen salben.
Seinem toten Körper
ein letztes Mal Nähe,
Zärtlichkeit schenken.

Noch einmal bei ihm sein.
Den Erinnerungen nachgehen.
Über das reden,
was ich an ihm geliebt habe.
Meinen Tränen freien Lauf lassen.

Meine Fragen an den Himmel richten,
meine Zweifel,
meine Einsamkeit,
meine Klagen,
meine Sehnsucht.

Ich würde ihn gerne festhalten,
würde ihn gerne bei mir behalten.
Fassungslos
muss ich ihn gehen lassen.

Das Kreuz
auf dem Friedhof,
vor dem viele stehen.

Wir beten:
Wir bitten dich, Gott:

- Schenke allen Trauernden den Mut und die Kraft,
  vor der Trauer nicht zu fliehen,
  sondern darin ihren eigenen Weg
  durch allen Tod hindurch zu finden.
  Kyrie-Ruf

- Sei du uns nahe in den Stunden der Einsamkeit,
  der Hoffnungslosigkeit und des Zweifels.
  Sei du uns nahe, wenn das Kreuz uns zu überwältigen droht.
  Kyrie-Ruf

- Stärke die Sehnsucht und Hoffnung in uns,
  dass der Tod nicht das letzte Wort hat,
  dass du unser Leben aus dem Tod befreist
  in deine Liebe und Geborgenheit hinein.
  Kyrie-Ruf

Lied: GL 621,1+3: Ich steh vor dir mit leeren Händen, Herr

9. Kreuzmeditationen

Der Künstler Jörg Seemann aus Unterensingen bei Nürtingen beschäftigt sich seit vielen Jahren mit dem Kreuz und hat es in ganz unterschiedlichen Bildern gemalt. Vor einigen Jahren entstand die Idee, dazu meditative Texte zu schreiben, die auf verschiedene Weise liturgisch verwendet werden können:

- als Predigtreihe mit Bild
- als Morgen- und Abendimpulse (Früh-/Spätschichten)
- als Kreuzmeditationen mit Musik am Karfreitag
- etc.

In unserer Kirchengemeinde werden am Karfreitagabend zum Abschluss des Tages sechs der Bilder gezeigt und die Texte dazu vorgelesen. Zwischen jedem Bild und Text spielt eine Musikerin mit der Querflöte passende Instrumentalstücke. Aber natürlich sind die Bilder und Texte vielfältig verwendbar.

Aus drucktechnischen Gründen kann im Buch nur die Schwarzweißfassung der Bilder angeboten werden. Auf der CD-ROM sind die wesentlich beeindruckenderen farbigen Darstellungen zu finden.

Ich bin Jörg Seemann für diesen künstlerisch-theologischen Dialog sehr dankbar. Wir haben dadurch beide viel über das Geheimnis des Kreuzes nachgedacht und haben es immer wieder in unterschiedlichen Perspektiven zu deuten gesucht. Das Kreuz ist ein Geheimnis geblieben. Aber es ist uns näher gerückt.

Ein kurzes Wort noch zur Vorstellung von Jörg Seemann. Er wurde 1958 in Köln geboren und zog schon in der Schulzeit, 1964, nach Nürtingen um. 1978 schloss er eine Lehre als Buch- und Offsetdrucker ab, beschäftigte sich aber schon künstlerisch mit Zeichentrick- und Kurzfilmen. Von 1978 bis 1982 vertiefte Seemann seine Fähigkeiten in einem Grafik-Studium an der Merz-Akademie in Stuttgart. Seit 1984 ist er selbstständig als Grafiker und Künstler mit Atelier in Unterensingen tätig.

Durch unsere Zusammenarbeit angeregt hat er 2003 die Renovation der Christus-König-Kirche in Dagersheim bei Böblingen künstlerisch entscheidend mitgeprägt, insbesondere durch die Gestaltung des Kreuzweges. Die Bilder sind ebenfalls hier im Buch zu finden.

Zurzeit entsteht ein neues Projekt in Darmsheim bei Sindelfingen:

Dort wird Jörg Seemann die Fenster und den Altar der Kapelle des neuen Pflegeheims künstlerisch gestalten.

Das letzte Bild zu den Kreuzmeditationen hat Jaqueline Rahmer, eine junge Frau aus Sindelfingen-Darmsheim gemalt, die ein paar Jahre lang Bilder von Jörg Seemann auf unsere Osterkerze übertragen hat. Daraus ist 2010 ein erstes eigenes Kreuzbild entstanden, das ich sehr beeindruckend finde und deshalb ans Ende dieses Buches gestellt habe. Dort bilden Text und Bild einen guten Abschluss dieses Buches.

Bild 1
Als hätten die Flügel ein Loch in die Wolken geschlagen ...

Ein Kreuz, das sich bewegt.
Wie eine Windmühle,
die sich gegen Wind und Sturm nicht wehren kann,
aber fast trotzig ihre Flügel dreht.

Eine erschütternde Diagnose.
Ein Infarkt.
Ein Unfall.
Ein plötzlicher Todesfall.
Selbstmord in der eigenen Familie.
Ohne Vorankündigung hebt der Wind an,
manchmal mit bedrohlichem Säuseln beginnend,
manchmal auch gleich wie ein Orkan.

Zerrissen von Ängsten –
Todesfurcht –
stehen wir mitten im Sturm des Leids,
der über uns herzieht.

Der Schock sitzt tief.
Der Schrecken nimmt uns alle Kräfte.
Die drohende Zukunftslosigkeit lähmt.

Zerreißende, zerbrechende Kräfte –
starr und stumm unser Körper
mitten in den Stürmen des Lebens.

Klage!
Schreie!
Zürne!
Bewege deine Flügel!

Nutze die Kräfte, die auf dich wirken,
anstatt unter ihnen in Starrheit zu zerbrechen.

Kämpfe und lasse dich von den Stürmen umwirbeln!
In der Lawine überlebt nur,
wer mit den Flügeln schlägt.

Denn mitten im Flügelschlag des Kreuzes
zart eine Ahnung –
aber nur eine Ahnung –
von Dämmerung,
wie als hätten die Flügel ein Loch in die Wolken geschlagen.

Bild 1: Als hätten die Flügel ein Loch ...

Bild 2
Vor der Mauer ...

Das Kreuz vor einer mächtigen Mauer,
Einhalt gebietend dem,
der daran vorbei will,
fast wie eine unbarmherzige Sperre.
Verzweiflung kauert zu Füßen des Kreuzes.

Ich stelle mir vor,
da unten am Kreuz sitzt ein Mensch,
verzweifelt, hoffnungslos, ohne Perspektive.

Wenn du da unten am Kreuz sitzt,
siehst du nur die Mauer,
diese mächtige Mauer,
die unüberwindbar scheint.

Aus der Ferne – gewiss! –
siehst du Licht hinter der Mauer,
aber direkt beim Kreuz kauernd
hockst du im Schatten,
im Schatten des Todes.

Das Kreuz mächtig,
von unbarmherziger Stärke.
Die Mauer,
eine Grenze
himmelhoch.
Alles hat sich verdüstert.

Es ist gut,
an der Mauer sitzen zu bleiben,
sich der Verzweiflung hinzugeben,
die Trauer hinauszuweinen.
Nicht einfach weglaufen,
die Mauer verdrängen,
so tun, als gäbe es sie gar nicht ...

Allein aus den Tränen wächst die Kraft,
aufzustehen und die Mauer aus der Ferne zu betrachten.

Maria von Magdala weint am Grab,
beugt sich tief ins Grab hinein,
klagt an der felsigen Wand,
erschrickt vor der unüberwindbaren Höhe,
spürt, dass ihr alles entrissen,
alles hinter der Mauer ist,

und findet darin die Kraft,
sich umzuwenden,
das Leben wahrzunehmen,
das hinter der Mauer blüht.

Bild 2: Vor der Mauer ...

Bild 3
Durch die Tränen hindurch

Ein Kreuz,
ganz vom Blau durchzogen.
Ob es ein himmlisches Blau ist?
Mich erinnert das Blau an das Wasser der Tränen.

Wie viele Menschen haben im Angesicht des Kreuzes schon geweint?
Zuhause im Verborgenen,
in der Kirche,
an einem Wegkreuz,
an einem Kreuz über einem Grab.

Im Kreuz sammeln sich all unsere Tränen,
im Kreuz bündeln sich unser Schmerz und Leid.

Sein Kreuz wird zu unserm Kreuz.
Seine Ängste werden zu unseren Ängsten.
Seine Schmerzen werden zu unseren Schmerzen.
Seine Tränen werden zu unseren Tränen.
Sein Tod wird zu unserem Tod.

Wenn es keinen Menschen gibt,
bei dem wir weinen können,
dann doch bei ihm.

Er trägt nicht nur unser Versagen,
er trägt unsere Tränen und unseren Schmerz.

Die Tränen – hat der hl. Augustinus einmal gesagt –
sind das Grundwasser der Seele.

Aus unseren Tränen wächst das Kreuz empor,
wächst über das Bild hinaus,
wächst gen Himmel.

Vielleicht sind die Tränen und der Himmel
ja gar nicht so weit voneinander weg?
Vielleicht kann der Himmel oftmals
nur durch die Tränen hindurch erfahren werden?

Wer weint,
weint sich,
manchmal kaum sichtbar,
kaum wahrnehmbar,
den Himmel in die Seele.

Bild 3: Durch die Tränen hindurch

Bild 4
Seine Mitte wird zu unserer Mitte …

Ein Mensch unter dem Kreuz.
Das Zentrum des Kreuzes,
die Liebe und Leidenschaft des Gekreuzigten,
ist zu seiner eigenen Mitte geworden.

Nur wer unter dem Kreuz steht,
spürt die pulsierende Leidenschaft,
die Jesus bewegt.

Nur wer unter dem Kreuz steht,
erlebt die Konsequenz,
mit der Jesus lebt.

Nur wer unter dem Kreuz steht,
erfährt den Aufbruch der Freiheit,
die sich durch nichts,
durch wirklich nichts mehr bremsen lässt.

Nur wer unter dem Kreuz steht,
wird von der tiefen Sehnsucht nach Frieden,
nach Geschwisterlichkeit und Versöhnung ergriffen.

Nur wer unter dem Kreuz steht,
hat eine Vision, eine Begeisterung,
die begreift, warum Er das Kreuz nicht scheute.

Der Mensch unter dem Kreuz
angetrieben von Seiner Leidenschaft
tief berührt von der unweigerlichen Konsequenz Seiner Liebe
hörend Seinen Ruf zum Exodus
glaubend Seine Vision vom Schalom Gottes
hoffend mit Ihm über Seinen Tod hinaus.

Der Mensch unter dem Kreuz.
Seine Mitte wird zu unserer Mitte.

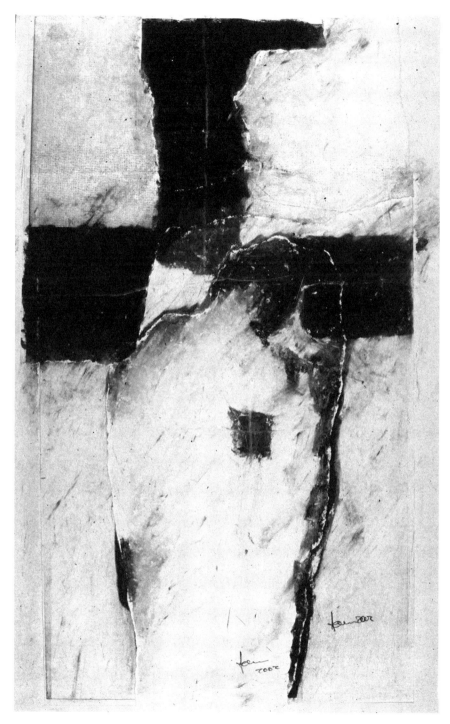

Bild 4: Seine Mitte wird zu unserer Mitte ...

Bild 5
Eine unmögliche Verwandlung

Der Mensch zwischen Hell und Dunkel,
zwischen Freude und Leid.
Allein das Kreuz ragt
in die Dunkelheit hinein.

Tiefe Lebensfreude und Trauer
stehen oft unvermittelt nebeneinander,
zerreißen mich fast.

Die Grenzen sind nicht fließend,
sondern hart und abrupt –
hier Dunkelheit, dort Helligkeit.

Die Freude über ein geborenes Kind
neben der Erschütterung über den Selbstmord.
Die Liebe und Lebenslust des jungen Paares
neben dem krebskranken Mann,
der schon vom Tod gezeichnet ist.
Das Lachen eines herrlichen Festes
neben den Tränen über den plötzlichen Tod einer jungen Frau.

Beides steht unvermittelt nebeneinander,
beides lässt sich nicht vermengen.
Lustige Beerdigungen sind
genauso abwegig und seltsam
wie traurige Feste.

Die einzige Verbindung ist das Kreuz.

Jesus macht das Leid nicht zunichte.
Sein Kreuz kann das Leid
nicht aus unserem Leben hinausschieben.
Sein Tod hat nicht alle Tode vernichtet.
Die Menschen leiden und sterben,
trauern und weinen weiterhin.

Aber durch Ostern erscheint sein Kreuz in anderem Licht,
durchbricht unsere Dunkelheit.
Das Kreuz – Zeichen der Verwandlung,
Zeichen einer unmöglichen Verwandlung –
aber gerade deshalb die Grenzen durchbrechend.

Die Unmöglichkeit
des verwandelten Kreuzes
ist unsere einzige mögliche Hoffnung.

Bild 5: Eine unmögliche Verwandlung

Bild 6
»Nichts Schöneres unter der Sonne als unter der Sonne zu sein«

Ein Kreuz, das sich verflüchtigt –
im österlichen Licht nur noch schemenhaft erkennbar.

Manchmal bewegt mich eine tiefe Hoffnung,
einfach über mich kommend,
ein Vertrauen – fast grundlos.
Ich zweifle fast an mir selbst, weil ich nicht zweifle.

Das Kreuz, das Leid verschwindet
vor dem eigenen Blick.
Der Himmel in mir,
die hell scheinende Sonne
lassen das Kreuz in anderem Licht erscheinen,
nehmen ihm seine Brutalität,
zeichnen es in sanften Linien,
lassen es mich fast vergessen.

Solche Lichtmomente sind Gnade,
Geschenk, eine Gabe des Augenblicks.

Ich weiß um ihre Vergänglichkeit.
Ich weiß darum,
dass sich die Sonne auch wieder verdunkeln,
das Kreuz sich hart und unbarmherzig
mit klaren Umrissen in mein Leben hineindrücken wird.
Ich weiß, und dennoch genieße ich die Sonne.

»Nichts Schöneres unter der Sonne als unter der Sonne zu sein«
Ingeborg Bachmann, Kreuzkennerin, hat diese Worte geschrieben.

Die Sonne genießen.
Das Herz auftanken mit einer Ahnung von Himmel –
in der Hoffnung,
dass einst ewig und immer
dieser Himmel uns umfängt.

Bild 6: Nichts Schöneres unter der Sonne

Bild 7
Das Kreuz stellt sich in den Weg

»Denn bin ich nicht von Finsternis umschlossen,
bedeckt nicht Dunkel mein Angesicht?« (Ijob 23,17)

Ein Anruf.
Eine Nachricht vom Arzt.
Die Polizei an der Haustür,
den Notfallseelsorger im Schlepptau.

Manchmal ändert sich dein Leben von heute auf morgen.
Du schaust nur noch in ein dunkles Loch.
Du fragst, aber du tappst im Dunkeln.
Kein Begreifen.
Kein Verstehen.

Nur diese bodenlose dunkle Leere,
die sich vor dir auftut
und kein Ende zu nehmen scheint.

Das Kreuz macht sich vor dir breit,
stellt sich dir in den Weg,
bricht in dein Leben ein.
Da gibt es kein Verdrängen,
kein Ausweichen,
kein Entkommen.

Du hast diesen Moment immer gefürchtet.
Du hast geahnt, dass er kommen wird.
Aber nun,
da sich das Kreuz in dein Leben eingemeißelt hat,
ist es fürchterlicher, als du geahnt hast.

Der Schmerz ist ein einziger Schrei zum Himmel.
Sein Schrei auf deinen Lippen.
Der Tod – undurchdringliches, unbegreifbares Dunkel.
Sein Tod in deinem Herzen.

Verlassen stehst du vor dem Kreuz,
dessen Dunkel dich umgibt.
Du hast keine andere Wahl,
als in das Dunkel hineinzugehen
und nicht zu wissen,
wie du daraus wieder hervorgehst ...

»Der Herr hat die Sonne an den Himmel gesetzt;
er selbst wollte im Dunkel wohnen.« (1 Kön 8,12)

Bild 7: Das Kreuz stellt sich in den Weg

Bild 8
Das Kreuz zerreißt

»Da riss der Vorhang im Tempel von oben bis unten entzwei.« (Mk 15, 38)

Das Kreuz zerreißt.
Das Kreuz zerreißt alles.
Mein Körper und meine Seele – zerrissen.
Meine Energie und Kraft – zerrissen.
Meine Pläne und Visionen – zerrissen.
Meine Freundschaften und Beziehungen – zerrissen.
Meine Liebe und Leidenschaft – zerrissen.
Das Kreuz zerreißt,
durchkreuzt meine Lebenswege.

Das Kreuz zerreißt,
verletzt und schmerzt,
quält und foltert,
lässt alle Dämme brechen,
Blut und Tränen.

Das Kreuz zerreißt
meine Lebensadern,
bricht mir das Augenlicht,
nimmt mir den Atem,
tötet mich.

Das Kreuz zerreißt
den Vorhang
zerreißt die Dunkelheit
zerreißt mitten im Tod den Tod.

Der Vorhang ist zerrissen.
Was wird dahinter offenbar?

»Als der Hauptmann,
der Jesus gegenüberstand,
ihn auf diese Weise sterben sah,
sagte er: Wahrhaftig,
dieser Mensch war Gottes Sohn.« (Mk 15, 39)

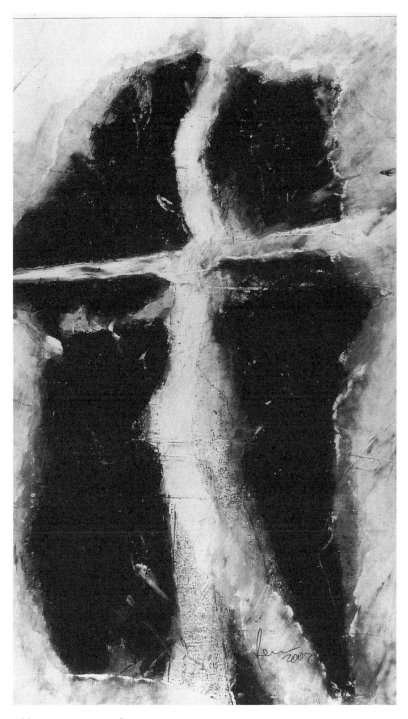

Bild 8: Das Kreuz zerreißt

Bild 9
… und schaue ins Leere

Meinen Pfad hat er versperrt; ich kann nicht weiter, /
Finsternis legt er auf meine Wege.
Meiner Ehre hat er mich entkleidet, /
die Krone mir vom Haupt genommen.
Er brach mich ringsum nieder, ich muss dahin; /
er riss mein Hoffen aus wie einen Baum. (Ijob 19, 8–10)

Das Kreuz wie ein kahler Baum im Wind,
der mir den Weg versperrt,
sich finster und drohend vor mir aufbaut.

Einst hat er geblüht in allen Farben.
Nun ist er tot,
seiner Blätter beraubt.
Trocken und brüchig sein Holz,
der verwesenden Kraft des Windes ausgesetzt.
Nichts wächst mehr.

Ein Sinnbild des Todes.
Ein Sinnbild der Hoffnungslosigkeit.
Um den Baum herum nur öde Leere.
Kein Weg mehr.
Nur eisige Kälte.

Still und starr steht er im Wind.
Schweigen ringsum.

Immer nur
Tod
Leere
Schweigen

Wird jemand das Schweigen durchbrechen?
Wird jemand die Leere füllen?
Wird jemand aus dem Tod Neues wachsen lassen?

Ohnmächtig
stehe ich vor dem toten Baum
und schaue ins Leere
und warte …

… kam ein sanftes, leises Säuseln.
Als Elija es hörte,
hüllte er sein Gesicht in den Mantel,
trat hinaus und stellte sich an den Eingang der Höhle. (1 Kön 19,12 f.)

Bild 9: ... und schaue ins Leere

Bild 10
Wir werden verwandelt werden

Am ersten Tag der Woche kam Maria von Magdala frühmorgens,
als es noch dunkel war, zum Grab. (Joh 20,1)

Dem Dunkel noch ganz verhaftet.
Gefangen von der furchtbaren Macht des Todes.
Gehalten der Blick,
der nur ins Dunkle schaut.

Dein Körper starr und kalt.
Dein Augenlicht gebrochen.
Dein Leib der Verwesung ausgesetzt.

All das tief unten im dunklen Grab
begraben unter schwerer Erde.
Was soll da verwandelt werden?
Was soll da wieder belebt werden?
Irgendwann nur noch Staub oder Asche …

Deine Worte – sie schweigen.
Deine Gesten – sie sind erstarrt.
Dein Lachen – nur noch Stille.
Deine Zärtlichkeit und Wärme – wie ich sie vermisse.

Eisige Kälte.
Undurchdringliches Dunkel.
Lähmendes Schweigen.
Die Leere des Todes.

Doch dann auf einmal – mitten am Tag.
Keiner sieht etwas.
Keiner spürt etwas.

Das Dunkel bleibt,
und doch löst sich etwas,
entschwindet der Fassbarkeit.

Dein Grab bleibt.
Dein Körper bleibt im Grab liegen.
Staub und Asche.

Aber du entschwindest
in einem Licht,
das ich nicht zu schauen vermag.

Verwandelt.
Entzogen.
Die Leere bleibt,
aber sie hat eine Gestalt bekommen.

Wir werden alle verwandelt werden (1 Kor 15, 51)

Bild 10: Wir werden verwandelt werden

Bild 11
Das Kreuz durchbricht den Stein

Wie Stein erstarren die Wasser ... (Ijob 38, 30)

Der Lebensfluss ist erstarrt.
Die Uhr ist stehen geblieben.
Der Grabstein baut sich unerbittlich vor mir auf.
Symbol des erstarrten Lebensflusses.

Standbilder der Vergangenheit tauchen vor meinen Augen auf,
Bilder voll Erinnerung, Bilder einer bewegten Zeit,
die nun zum Stillstand gekommen ist.

Um mich herum fließt das Leben weiter,
doch ich stehe vor deinem Grab,
wie ein Schiff in einer Schleuse liegt – dem Lebensfluss entzogen.

Doch der harte Stein wird durchbrochen durch das Kreuz.
Ein dunkler Spalt tut sich auf,
keiner weiß, was dahinter ist.
Nur unheimliche Tiefe.
Nur unheimliche Stille.
Dunkel und leer.

Aber das Kreuz durchbricht den Stein.
Er baut sich nicht mehr wie eine unüberwindbare Wand vor mir auf.
Das Kreuz öffnet die Undurchdringlichkeit.
Das Kreuz öffnet den Weg durch die Dunkelheit des Todes.
Das Kreuz bringt Bewegung in den erstarrten Lebensfluss.
Das Kreuz ist der Spalt in der Wand,
der uns erahnen lässt, dass der Tod mehr ist als das Ende,
der uns hoffen lässt, dass da einer ist,
der das Erstarrte wieder zum Fließen bringt.

Dann hob Mose seine Hand hoch
und schlug mit seinem Stab zweimal auf den Felsen.
Da kam Wasser heraus ... (Num 20, 11)

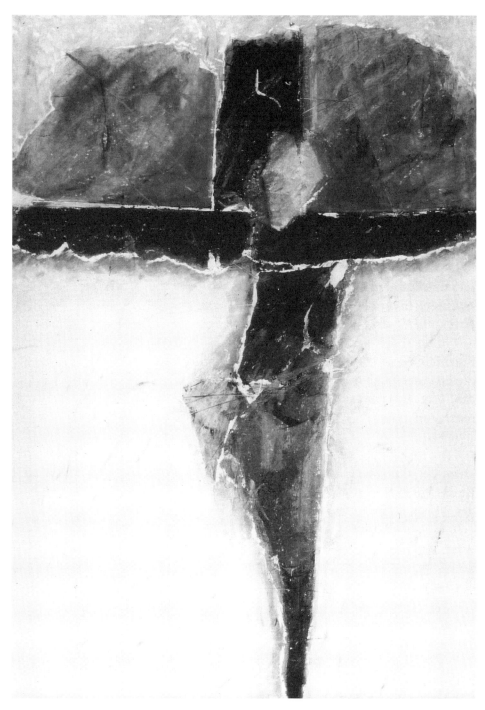

Bild 11: Das Kreuz durchbricht den Stein

9. Kreuzmeditationen

Bild 12
Aus tränenfeuchter Erde

Während Maria weinte,
beugte sie sich in die Grabkammer hinein. (Joh 20,11)

Noch hält uns die Erde ganz gefangen.
Noch bestimmt das Dunkel unsern Horizont.
Gebeugt, das Leid daniederdrückende Last.
Tränen benetzen die dunkle Erde.

Wir beugen uns ins Grab hinein
und scheinen nicht mehr aufzustehen.
Wir schauen in die Tiefe des Grabes
und das Dunkel scheint endlos.
Zentnerschwer liegt die tränenfeuchte Erde
über unseren Toten.

Brachiale Gewalt – die Gräber zersprengend
die Erde aufbrechend
die Toten aufrichtend –
nicht vorstellbar.
Illusion!

Der Gott, der solche Macht hat,
ist die Projektion eines Wunsches,
der uns, gebeugt in unsere Gräber, doch nur allzu fern erscheint.

Aber der Gott,
der sanft und leise
ein zartes Pflänzchen
aus tränenfeuchter Erde
hindurchschlupfen lässt.
Er ist da – kaum wahrnehmbar.

Aus der dunklen Erde
wächst Neues empor.
Das Kreuz erscheint in neuem Licht.

Vormals schwer und unbesiegbar
wächst die Leichtigkeit,
die es im warmen Morgenlicht schweben lässt.

Das Schwere schwebt.
Das Dunkel wird licht.

Und manchmal haben wir es nicht mal wachsen sehen
in tränenfeuchter dunkler Erde.
Aber es umfängt uns plötzlich und überraschend
und lässt uns nicht mehr los ...

»Jesus sagte zu ihr: Maria!
Da wandte sie sich ihm zu und sagte: Rabbuni! – Mein Meister.« (Joh 20,16)

Bild 12: Aus tränenfeuchter Erde

Bild 13
Das Kreuz lässt dich nicht mehr los

Mitten im Strom des Lebens
ereilt dich das Kreuz.
Das Leben um dich herum strömt weiter.
Der Alltag der andern geht seinen gewohnten Gang.

Um dich herum Menschen mit Terminkalendern,
aber dein Terminkalender spielt keine Rolle mehr.
Er hat ausgedient.
Seine Zeit ist vorüber.
Deine Zeit ist vorüber.
Du schwimmst nicht mehr mit.

Um dich herum die Betriebsamkeit und Hektik der anderen.
Alles ist im Fluss, in Bewegung.
Aufträge werden fieberhaft erledigt,
bevor schon weitere Schlange stehen.
Aber du hast keine Aufträge mehr.
Dein Auftrag ist zu Ende.
Deine Zeit ist vorüber.
Du schwimmst nicht mehr mit.

Um dich herum Pläne und Visionen.
Das Leben pulsiert durch den Fluss.
Du siehst, wie sie an dir vorbei
sich auf große Ziele hin bewegen.
Aber du hast keine Ziele mehr.
Dein Kreuz bleibt stecken mitten im Lebensfluss.

Du möchtest mitschwimmen,
mit dem Fluss mitziehen.
Aber du weißt,
dass du zurückbleiben wirst.
Du weißt,
dass der Strom irgendwann über dich hinwegziehen wird,
du nicht mehr sichtbar,
im Strom des Lebens verschwunden.

Das Kreuz hält dich fest
und lässt dich nicht mehr los.

Bild 13: Das Kreuz lässt dich nicht mehr los

Bild 14
Leben im Ungleichgewicht

Das Kreuz geht in die Knie.
Das Kreuz zwingt mich in die Knie.
Das Leben gerät ins Wanken,
lässt mich straucheln, lässt mich zweifeln.

Alles ist aus dem Gleichgewicht.
Nichts mehr ist im Lot.
Ich falle. Ich verliere den Halt.
Die Last zwingt mich zu Boden.

Das Leid, der Schmerz haben Gewicht,
haben eine Schwerkraft,
die alles zu zerstören droht,
die mich zu zerstören droht.

Aber wider alle Gesetze der Schwerkraft bleibt das Kreuz stehen.
Eine unsichtbare Kraft hält das Kreuz.
Das Kreuz fällt nicht.

Da ist einer, der das Kreuz hält,
der das Kreuz nicht fallen lässt,
der dich und mich nicht fallen lässt,
auch wenn dem alle physikalischen Gesetze widersprechen.

Da ist einer, der das Kreuz selbst getragen hat,
dessen Kraft dem Kreuz innewohnt,
dessen Kraft es im Gleichgewicht hält – mitten im Ungleichgewicht.

Es ist eine Kraft, die in keinen Physikbüchern beschrieben ist.
Für diese Kraft gibt es keine empirischen Daten.
Mit keiner Formel ist sie festgehalten.

Aber es ist eine Kraft, die dich und mich trägt,
wenn wir in die Knie gehen,
wenn unser Leben ins Straucheln, ins Ungleichgewicht kommt,
wenn eigentlich nichts mehr dein und mein Kreuz zu halten scheint.

Bild 14: Leben im Ungleichgewicht

Bild 15
Das Kreuz der Beziehungslosigkeit –
Gedanken zum 11. März 2009 in Winnenden

Ein Kreuz ohne Arme.
Ohne Arme, die sich nach rechts und links ausstrecken.
Ein Mensch – ohne Beziehungen zu seinen Mitmenschen.

Das ist das Kreuz:
Wenn dir die Kontakte ausgehen.
Wenn du nur noch für dich stehst.
Wenn du nur noch um dich selbst kreist.

Er saß nur noch an seinem Computer.
Er lebte nur noch in einer virtuellen Welt.
Er wurde immer seltsamer,
den anderen immer fremder und unverständlicher.

Und er spürte, dass deshalb keiner mehr mit ihm reden wollte.
Wenn sie ihn sahen, spürte er den Spott in ihren Augen.
Tief in der Seele fühlte er, dass ihn keiner mehr liebte.
In seinen Augen verabscheuten sie ihn noch mehr,
als sie es vielleicht tatsächlich taten.

Und er begann, seine Umwelt zu hassen.
Er verlor die Achtung vor seinen Mitmenschen.
Sie waren für ihn nichts mehr wert.
Sie waren nur noch Feinde.
Vernichtenswert.

Und als der Hass in ihm immer größer wurde,
als es nicht mehr ausreichte,
die anderen nur virtuell im Computer zu vernichten,
da griff er zur Waffe,
besinnungslos.

Das Blut zur Linken und Rechten –
Dokument einer tödlichen Beziehungslosigkeit.
Dokument eines tödlichen Hasses.

Sein Kreuz wird zum tödlichen Kreuz für andere.
Es multipliziert sich –
auf fürchterliche Weise.

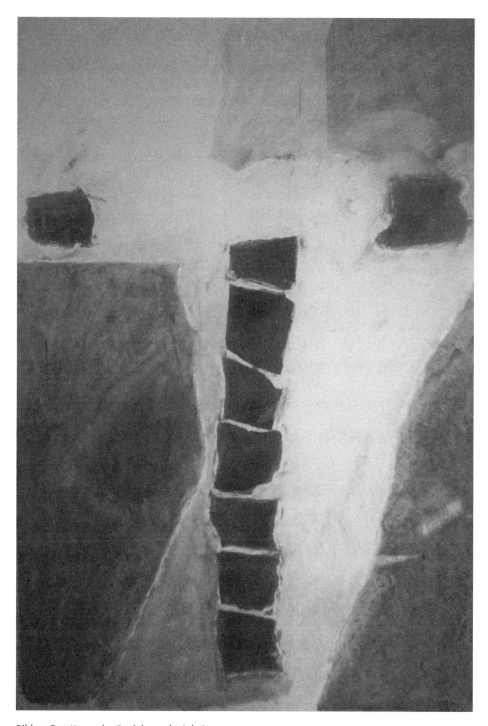

Bild 15: Das Kreuz der Beziehungslosigkeit

Bild 16
Ohne Draht nach oben?

Ein Kreuz ohne Draht nach oben.
Erfüllt sich das Leben im Diesseits?

Viele Menschen um mich herum
strecken die Arme nicht mehr zu dir empor, Gott.
Sie kennen nur die Horizontale,
die Beziehungen zu den anderen.
Aber eine Beziehung, die unsere Welt übersteigt,
ist ihnen fremd.

Brauchen wir eine solche Beziehung?
Brauchen wir dich, Gott?

Viele brauchen dich nicht.
Vielen bist du nicht das tägliche Brot.
Vielen reicht die Horizontale – das Diesseits.
Viele sagen: Mit dem Tod ist es eben vorbei.
Das Kreuz wird zur Sackgasse nach oben.
Nichts geht mehr weiter.
Der Himmel ist das Grab.

Wenn ich die weinenden Gesichter an den Gräbern sehe,
wenn ich in die Gesichter der Opfer schaue,
wenn ich in die Hölle des Lebens blicke,
wenn ich vor der Wand stehe,
am Ende der Sackgasse,

dann bist du, Gott, meine einzige Hoffnung,
dass das Kreuz nicht einfach aufhört,
der Weg nicht einfach vor der Mauer endet.

Dann sehne ich mich danach,
dass das Kreuz zur Himmelsleiter wird,
die diesseitige Welt überschreitet,
die Hoffnung darauf öffnet,

dass es ein Jenseits gibt,
jenseits allen Leids und aller Schmerzen,
jenseits allen Tods und aller Trauer.

Dass der senkrechte Balken die Mauer des Leids durchstößt,
daran zu glauben wage ich noch immer
wider alle,
deren Leben sich auf die Horizontale begrenzt.

Bild 16: Ohne Draht nach oben?

Bild 17
In der Liebe vollendet

Das Kreuz – es hat sich von der Erde gelöst.
Die Zeit des Schmerzes, die Zeit des Leids ist vorüber.
Die Sonne durchflutet das Kreuz mit Licht.
Der Himmel geht über dem Kreuz auf.
Die dunklen Seiten, sie sind zurückgeblieben,
an den Rand gedrängt worden.

Die Wunden sind noch sichtbar in tödlichem Blau.
Die Wunden, sie sind geblieben,
aber der Leib leuchtet im Rot der Liebe.
Das Licht wärmt.
Das Licht leuchtet.
Das Licht vollendet die Liebe.
Das Kreuz bekommt heitere Züge.
Das Leid im Gewand des Harlekins,
der mit seinem Lachen die Trauer überwindet.

Das ist kein Bild des Alltags.
Auch kein Bild dieser Welt.
Das ist ein Bild einer Zukunft,
die wir noch nicht kennen,
von der wir nur eine Ahnung haben.

Seine Liebe,
die uns vollendet,
lebt tief in unserer Sehnsucht:
Einst in deinem Licht stehen.
Voller Leichtigkeit über dem Dunkel schweben.
Von deiner Liebe umfangen.
Mein Leib nur noch Liebe und Heiterkeit
trotz aller Wundmale, die das Leben geschlagen hat.
Vollendet in der Liebe.

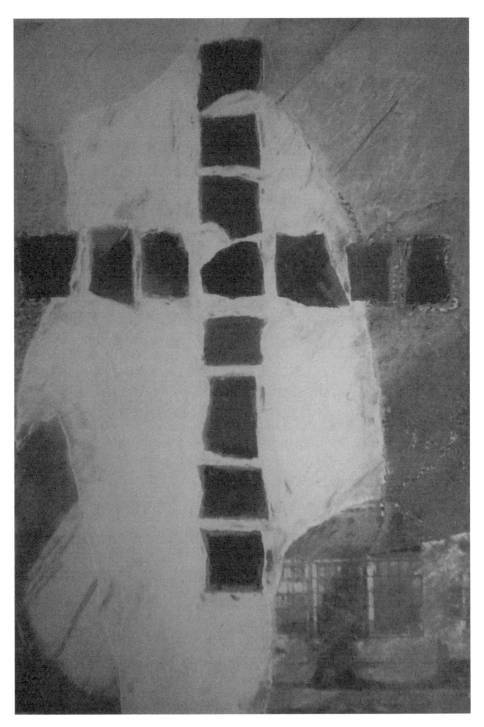

Bild 17: In der Liebe vollendet

Bild 18
Menschen auf dem Weg zum Kreuz

(Bild von Jaqueline Rahmer)

Auch wenn ich es manchmal
nicht wahrhaben will,
eigentlich bin ich immer
auf dem Weg zum Kreuz.
Der Tod ist mir gewiss.
Das Kreuz ist unausweichlich.

Das Kreuz ist aber auch
Zeichen meiner Hoffnung –
Lichtzeichen,
das sich den Weg bricht
durch den Nebel des Todes hindurch.

Wie ein Wegweiser steht es am Horizont,
weist mit seinen Balken
nach oben und zur Seite.
Das Kreuz weist mich auf dich,
du, Gott meiner Hoffnung.
Das Kreuz weist mich auf dich,
du, Mensch,
der mir in meinem Alltag begegnet.

Mit anderen bin ich
auf dem Weg zum Kreuz.
Das Kreuz als
Zeichen unserer gemeinsamen Hoffnung.
Das Kreuz als
Verbindungszeichen.
Das Kreuz als Zeichen des Lebens –
mitten im Tod.
Wir alle – auf dem Weg zum Kreuz.

Das Kreuz am Ende des Weges
wie ein Schlüsselloch zum Himmelreich.
Nur durch das Kreuz hindurch
öffnet sich der Himmel.

Bild 18: Menschen auf dem Weg zum Kreuz

Hinter dem zerrissenen Vorhang

Gottesdienste von Palmsonntag bis Ostermontag

10. Der ganz andere König – Palmsonntag

*Eingangslied: GL 815, 1.3-4: Singt dem König Freudenpsalmen
(alternativ: Gib mir Liebe ins Herz)*

Liturgische Begrüßung – Einführung

Mit dem Palmsonntag beginnen wir die Karwoche. »Kara« ist ein altdeutsches Wort, das so viel wie Kummer und Trauer bedeutet. Die Woche, in deren Mitte die Trauer um den Tod Jesu steht, beginnt jedoch nicht mit Kummer und Trauer, sondern mit dem Jubel, mit den Hosianna-Rufen, mit denen Jesus in Jerusalem empfangen wird. Liebe und Hass, Jubel und Trauer liegen bei uns Menschen oft nah beieinander. Jubeln die Menschen Jesus beim Einzug in Jerusalem noch zu, fordern sie nur wenige Tage später seinen Tod. Jesus wird zum Opfer, zum Opfer seiner eigenen, mit aller Konsequenz gelebten Liebe, derer wir in diesem Gottesdienst glaubend gedenken wollen. Am Anfang segnen wir die Palmzweige:

Segensgebet über die Palmzweige

Allmächtiger, ewiger Gott,
segne diese grünen Zweige,
die Zeichen des Lebens und der Hoffnung,
mit denen wir Christus, unserem König, zujubeln.
Mit Lobgesängen begleiten wir ihn in seine heilige Stadt;
gib, dass wir durch ihn zum himmlischen Jerusalem gelangen,
der mit dir lebt und liebt in alle Ewigkeit. Amen.

Evangelium: Mt 21, 1-11

Prozession

Gott, nimm auch unser Lob entgegen! Wir wollen Gott preisen mit dem sich wiederholenden Gesang aus Taizé, mit dem Lied »Laudate omnes gentes, laudate Dominum« – »Lobt alle Völker und Generationen, lobt den Herrn.« Wir ziehen, während wir das Lied singen, in einer Prozession in die Kirche.

Lied: Laudate omnes gentes

(als anhaltender Gesang während der Prozession)

Gebet

Gott, unser Vater,
als dein Sohn Jesus in Jerusalem eingezogen ist,
haben ihm die Menschen zugejubelt.
Als Jesus gefangen genommen wurde,
haben sie seinen Tod gefordert.
So schnell kann sich Liebe in Hass verwandeln – auch bei uns.
Lass uns deshalb wachsam sein und dafür Sorge tragen,
dass die Liebe zu den Menschen in uns erhalten bleibt.
Darum bitten wir durch Jesus Christus, unseren Herrn und Bruder.
Amen.

Schriftlesung: Jes 50, 4–7

Zwischengesang: GL 564, 1.3.5: Christus Sieger, Christus König

Evangelium: Mt 26, 14–27, 66

Predigt: Der ganz andere König

I. Der Einzug in Jerusalem im Hollywood-Stil
Man stelle sich vor, ein Hollywoodregisseur bekäme den Auftrag, den Einzug des Messias, des von Gott gesalbten Königs in Jerusalem darzustellen, und er wüsste nichts von den biblischen Texten.

Vermutlich würde er als Schauspieler für den Messias einen starken, kräftigen Mann wählen, eine Heldenfigur, die unbesiegbar wirkt, der keine Angst zeigt, der Macht und Stärke ausstrahlt, geradezu unverwundbar wirkt.

Er würde ihn auf ein prächtiges Pferd setzen und in Begleitung einer großen Reiterschar mit Fanfaren in Jerusalem einreiten lassen. Das Volk würde in Massen am Wege stehen und dem König zujubeln. Alle würden in die erste Reihe drängen, dem König zu. Die Soldaten hätten Mühe, das Volk auf Distanz zu halten. Eine Demonstration der Macht – so würde ein Hollywood-Regisseur vermutlich den Einzug des Messias in Jerusalem inszenieren.

Vielleicht würde er gar am Ende noch die führenden Köpfe von Jerusalem am Stadttor zusammenkommen lassen, damit sie dem Messias huldigen und ihre Ehrerbietung zeigen. Frauen und Männer, Junge und Alte – alle würden zum König aufschauen.

II. Der Messias der kleinen Leute

Auch in der Erzählung des Evangelisten Matthäus, die wir vorhin gehört haben, huldigt das Volk Jesus: »Hosanna der Sohn Davids! Gesegnet sei er, der kommt im Namen des Herrn. Hosanna in der Höhe.« Und doch ist es ein ganz anderer Einzug in Jerusalem als der eines mit triumphaler Macht auftretenden Königs. Nicht auf einem stolzen Pferd, sondern auf einem schlichten und einfachen Esel reitet Jesus ein. Nicht durch eine prächtige, bewaffnete Reiterschar, sondern von vielen kleinen Leuten wird Jesus geleitet. Nicht als starker, unverwundbarer Held, sondern ungeschützt, geradezu ohne Insignien der Macht ausgestattet – und damit auch verletzbar – erscheint Jesus.

Dass die Helden Gottes ganz anders aussehen, macht uns schon der Prophet Jesaja im dritten Gottesknechtslied, das wir in der Lesung gehört haben, deutlich. Für die ersten Christen ist Jesus dieser Gottesknecht, von dem uns Jesaja da berichtet.

Der Gottesknecht wehrt sich nicht. Er wird nicht gewalttätig. Er zieht sich aber auch nicht zurück und flieht. Er steht für seine Sache sein. Er erträgt dafür gar Schmähungen und Spott. Er lässt Schläge und Folter über sich ergehen. Aber er bleibt standhaft. Er verleugnet die Sache Gottes, für die er eintritt, nicht. Er vertritt die Sache Gottes auf ganz und gar unerwartete Weise – ohne Anzeichen äußerer Macht und Herrschaft.

Wenn diese Worte des Propheten Jesaja über den Gottesknecht auf Jesus übertragen werden, dann heißt das, dass sein Messias-Sein ganz andere Attribute trägt, als das vermutlich auch schon damals die meisten Menschen erwartet hätten. Er tritt eben nicht als machtvoller Messias auf, der bereit ist, seine Macht auch mit Waffengewalt durchzusetzen.

Er tritt auch nicht mit Prunk und Reichtum oder mit der Jerusalemer High Society im Gefolge auf.

Jesus ist im wahrsten Sinne des Wortes ein Messias der kleinen Leute, der die Müden aufmuntert, die Schwachen stark macht, die Kranken heil und die Ausgegrenzten wieder hereinholt. Er reitet nicht auf hohem Ross. Er reitet auf einem Esel und bleibt damit auf Augenhöhe mit den Menschen seiner Zeit. Er macht sich selbst klein und verletzbar, um den Menschen nahe zu sein.

III. An ihm zerbrechen alle Gottesbilder ...
Kein Held tritt hier auf. Kein Gottessohn voll Glanz und Pracht. Kein starker, unbesiegbarer Gott. An Jesus zerbrechen alle damals bekannten Gottesbilder. Vor allem das Bild des gekreuzigten Gottessohnes ist für die antike Welt dann nahezu unerträglich. »Das kann nicht Gott sein!« In Jesus erscheint Gott auf eine Weise, die den Menschen der damaligen Zeit vollkommen neu und ungewohnt war.

In Jesus wird Gott wirklich Mensch. In Jesus kommt Gott den Menschen ganz nahe, als einer, der sich mitten in ihren Alltag hineinbegibt, der ihre Sorgen und Nöte teilt und zu lindern sucht; als einer, der sich selbst schwach macht, um denen, die klein und schwach sind, dienen zu können. In Jesus wird Gott zum Gott, der mit uns geht, zum sympathischen, zum mitfühlenden und mitleidenden Gott. In Jesus wird Gott wirklich Mensch.

Vielleicht ist das das Geheimnis der wahren Stärke dieses Messias, dass er nicht über die Menschen herrscht und triumphiert, sondern dass er sich klein macht, um die Menschen, vor allem die kleinen und schwachen, selbst stark zu machen; dass er auf Gewalt verzichtet, um Liebe und Frieden in die Herzen der Menschen zu legen; dass er nicht flieht, sondern standhaft bleibt, um für die Gerechtigkeit und Freiheit im Leben der Menschen einzutreten; dass er trotz aller Wunden, trotz aller Schmerzen, trotz seines Todes am Kreuz nicht unterzukriegen ist; dass am Ende der siegt, der geliebt und nicht über die anderen geherrscht und triumphiert hat. Es ist auf jeden Fall ein ganz anderer König, der da am Palmsonntag in Jerusalem einzieht.

Glaubensbekenntnis: GL 467: Wir glauben an den einen Gott

Fürbitten

Guter Gott,
am Kreuz ist dein Sohn Jesus zum Bruder aller Leidenden geworden. Wie er müssen viele Menschen in unserer Zeit das Kreuz tragen. Für diese Menschen wollen wir heute in besonderer Weise beten. Als Zeichen dafür, dass auch Sie am Kreuz Jesu teilhaben, wollen wir ein Holzstück, einen Kreuzessplitter auf das Tuch vor den Altar legen.
(Die Fürbitten werden von unterschiedlichen Personen gesprochen, die die Holzstücke in der Hand und nach der Fürbitte auf das Tuch tragen. Wir antworten auf die Fürbitten mit einem Fürbittruf: Kyrie eleison)

- Herr, ich möchte für alle Menschen beten, die unter dem Kreuz des Streits und des Unfriedens leben.
- Herr, ich möchte für alle Menschen beten, die unter dem Kreuz von Not und Hunger leiden.
- Herr, ich möchte für alle beten, auf denen das Kreuz der Arbeitslosigkeit liegt.
- Herr, ich möchte für alle Menschen beten, über deren Grab im vergangenen Jahr das Kreuz aufgerichtet wurde.
- Herr, ich möchte für alle Kinder beten, die unter dem furchtbaren Kreuz gewaltsamer Misshandlung leiden.
- Herr, ich möchte für alle Menschen beten, denen das Kreuz der Einsamkeit zur Last wird.
- Herr, ich möchte für alle Menschen beten, die schwer krank sind und unter großen Schmerzen leiden.
- Herr, ich möchte für alle Menschen beten, die einem Unfall zum Opfer gefallen sind.
- Herr, ich möchte für alle beten, die um einen lieben Menschen trauern.
- Herr, ich möchte für alle Menschen beten, die psychisch krank sind, die in seelischen Zwängen so gefangen sind, das sie sich selbst nicht mehr befreien können.
- Herr, ich möchte für alle Menschen beten, die verspottet und verschmäht, die von anderen bloßgestellt und damit all ihrer Würde als Menschen beraubt werden.
- Herr, ich möchte für alle Menschen beten, die in irgendeiner Weise das Leid des Kreuzes in ihrem Leben erfahren.

Guter Gott, im Kreuz deines Sohnes haben wir deine Nähe zu uns Men-

schen erfahren. Du leidest mit uns. Du lässt uns in Kummer und Not nicht im Stich.
Dir, Gott, vertrauen wir alle leidenden Menschen dieser Welt an im Glauben und in der Hoffnung, dass du ihnen nahe bist und sie zum Leben führen wirst durch Jesus Christus, unseren Herrn und Bruder. Amen.

Lied zur Gabenbereitung: GL 620,1–3: Das Weizenkorn muss sterben

Gebet

Herr, unser Gott,
durch Leben und Sterben deines Sohnes stiftest du uns an,
uns seine Liebe zum Vorbild zum nehmen,
seine Liebe mit solcher Leidenschaft zu leben wie er
und sie in die Welt hinauszutragen.
Stärke uns darin durch Brot und Wein,
durch die sichtbaren Zeichen seiner Gegenwart.
Stärke uns durch Jesus Christus, unseren Herrn und Bruder. Amen.

Präfation

Ja, wahrhaftig, Gott, dir wollen wir danken. Durch deinen Sohn Jesus Christus sind wir der Liebe und dem Frieden begegnet. Er ist für uns der König, den die Israeliten ersehnt und erhofft haben. Er ist für uns der ganz andere König, der sich von allen Königen dieser Welt so sehr unterscheidet. Ein König, der nicht über den Menschen thront, sondern mit ihnen lebt. Ein König, der nicht über die Menschen herrscht, sondern den Frieden will. Ein König, der nicht auf Macht setzt, sondern auf Liebe. Deshalb rufen wir diesem König zu, so wie es einst die Menschen in Jerusalem getan haben, so wie es alle Engel und Heiligen, wie es alle tun, die in Jesus den Messias der Welt erkannt haben:

Sanctus: GL 497: Heilig, heilig, heilig Gott

Hochgebet – Vaterunser – Friedensgruß – Agnus Dei – Kommunion – Stille

Danklied: GL 483,1–6: Wir rühmen dich, König der Herrlichkeit

Gebet

Guter Gott,
Jesus liebt und erntet doch Verachtung.
Jesus setzt sich für die Menschen ein und wird doch angefeindet.
Jesus riskiert für die Liebe alles, sogar sein Leben.
Wir danken dir für die Konsequenz seiner Liebe,
für seine Hingabe an uns Menschen,
die in Brot und Wein sichtbare Gestalt bekommt.
Wir danken dir für Jesus Christus,
der uns zum Herrn und Bruder geworden ist für Zeit und Ewigkeit.
Amen.

Segen – Entlassung

Der Herr segne uns und behüte uns.
Der Herr begleite uns durch das Dunkel unseres Lebens.
Er sei bei uns in den schmerzvollen Stunden,
in denen auch auf uns das Kreuz des Lebens lastet.
Er stärke uns,
dass wir den Glauben an seine Liebe nie verlieren,
damit wir unseren Weg mit der Kraft und Leidenschaft gehen können,
mit der ihn Jesus selbst gegangen ist.

So segne und begleite uns der lebendige Gott, der Vater und der Sohn und der Heilige Geist. Amen.

Schlusslied: GL 553,1–3: Du, König auf dem Kreuzesthron
(alternativ: Von guten Mächten, 1–3)

11. Das Brot, Schatz meines Lebens – Gründonnerstag

*Eingangslied: GL 640,1–2: Gott ruft sein Volk zusammen
(alternativ: Unser Leben sei ein Fest)*

Liturgische Begrüßung – Einführung

Am Gründonnerstag feiern wir das Abendmahl. Wir empfangen die Kommunion. Communio, ein lateinisches Wort, bedeutet Gemeinschaft. Wir empfangen Gemeinschaft, Gemeinschaft mit Jesus Christus.

Im Abendmahl ist Jesus mit uns bleibend verbunden. Deshalb haben seine Jünger von Anfang an immer wieder miteinander dieses Mahl gefeiert. Jesus war zwar nicht mehr sichtbar, aber im Abendmahl – daran glaubten sie fest – ist er uns gegenwärtig. Im Abendmahl sind wir in Gemeinschaft, in communio mit ihm verbunden. Deshalb hört die Christenheit nicht auf, dieses Mahl immer wieder zu feiern.

Im Abendmahl verbindet uns Jesus Christus aber auch untereinander zur Gemeinschaft. Im Abendmahl werden wir erst wirklich zur Kirche, zur Gemeinde, zur communio. Wir feiern heute besonders auch die Gemeinschaft mit unseren Erstkommunionkindern und Firmanden, die sich in dieser Zeit auf ihre großen Feste vorbereiten, die die zukünftigen Generationen sind, die diese communio weiter pflegen werden.

Wir haben uns um Jesus Christus versammelt, wie einst die Jünger in jeder denkwürdigen Nacht mit ihm zum Pessachmahl versammelt waren. Wir wollen communio feiern, Gemeinschaft mit ihm und untereinander.

Kyrie

Herr Jesus Christus,
du bist da, wo Menschen sich in deinem Namen versammeln,
miteinander lachen und sich freuen,
aber auch miteinander weinen und trauern.
Herr, erbarme dich.

Du bist da, wenn wir miteinander das Abendmahl feiern.
Durch dich werden wir zu einer communio, zu einer Gemeinschaft,
in der deine Liebe lebendig werden möchte.
Christus, erbarme dich.

Du bist da in den Zeichen von Brot und Wein
und weckst darin unsere Sehnsucht nach dem himmlischen Mahl,
das wir einst alle miteinander feiern werden, die Lebenden und die Toten.
Herr, erbarme dich.

Der gute und barmherzige Gott verzeihe uns, was uns von ihm und untereinander trennt, und führe uns zusammen an den Tisch, den er für uns bereitet hat. Amen.

Das Gloria, das wir nun singen, ist ein Lied der Freude. Da wir an diesem Tag des letzten Abendmahls Jesu mit seinen Jüngern und damit auch seines Todes gedenken, ertönt das Gloria bis zum Ostersonntag nicht mehr. Auch die Orgel, das Instrument der Freude, und die Glocken werden danach verstummen. Es beginnt die Zeit der Trauer um den Tod Jesu, die erst durch das Ostergloria in der Osternachtsfeier beendet wird.

Statt der Glocken werden die Ministranten die Holzratschen schlagen. Sie erinnern uns mit ihrem dumpfen Schlag daran, unter welchen Schmerzen Jesus ans Kreuz genagelt wurde. An vielen Orten laufen die Ministranten am Karfreitag mit den Holzratschen durch den Ort und rufen die Menschen auf diese Weise zum Gottesdienst.

Gloria: GL 457,1–3: Allein Gott in der Höh sei Ehr

Gebet

Gott, unser Vater,
in dieser Nacht führst du uns zur Gemeinschaft zusammen,
so wie sich einst Jesus mit seinen Jüngern versammelt hat.
In dieser Nacht hält er mit uns das Abendmahl wie einst.
In dieser Nacht ist er uns auf unsichtbare Weise gegenwärtig.
In dieser Nacht bist du, Gott, mitten unter uns
durch deinen Sohn Jesus Christus, unseren Herrn und Bruder. Amen.

Schriftlesung: 1 Kor 11, 23–26

*Zwischengesang: GL 634, 3–6: Dank sei dir, Vater
(alternativ: GL 537, 1–3: Beim letzten Abendmahle)*

Evangelium: Joh 13, 1–15

Predigt: Das Brot – Schatz meines Lebens

I. Die Schatzkiste meiner Großmutter
Meine Großmutter hatte in ihrem Wohnzimmerschrank eine Schatzkiste, eine wunderbare Kiste, denn immer wenn sie sie hervorholte und einen Gegenstand oder ein Bild aus dieser Kiste herausnahm, wusste sie eine Geschichte dazu zu erzählen.

Eines Tages nahm sie einen alten, schäbigen Geldbeutel aus der Kiste. Er war voller dunkler Flecken und ich wunderte mich, dass meine Großmutter diesen fast schmuddelig wirkenden Geldbeutel aufbewahrt hatte. Er hatte ihrem Bruder Hugo gehört. Hugo war nur wenig älter als sie gewesen und hatte in den Ersten Weltkrieg ziehen müssen. Dort war er zwei Jahre später in der Nähe von Metz in Frankreich als Soldat gefallen. Mit der Nachricht von seinem Tod hatte man der Familie ein paar Habseligkeiten, unter anderem den Geldbeutel, der mit dem Blut des Gefallenen durchtränkt war, geschickt. Nachdem man in Deutschland mit großer Euphorie in den Krieg gezogen war, war Hugo in seinem Geburtsort, in Bad Cannstatt, der erste Tote.

Als meine Großmutter uns diese Geschichte mit dem Geldbeutel von Hugo in der Hand erzählte, liefen ihr auch nach über 60 Jahren noch die Tränen über die Wangen. Ihr Bruder, der schon so lange tot war, war auf einmal wieder ganz gegenwärtig.

Der Geldbeutel, der für andere nicht nur wertlos, sondern so schäbig war, das sie ihn vermutlich weggeschmissen hätten, dieser Geldbeutel war für meine Großmutter ein großer Schatz. Er erinnerte sie nicht nur an ihren Bruder Hugo. Er ließ ihn für sie wieder gegenwärtig werden. Und ich sah ihren Augen an, dass sie hoffte, Hugo einmal wieder zu begegnen. Der Geldbeutel von Hugo – ein kostbarer Schatz! Sein Verlust wäre für meine Großmutter sehr schmerzlich gewesen.

Solche Schätze hat vermutlich jeder Mensch: Symbole, die materiell gesehen wertlos sind, mit denen wir aber eine Erinnerung verbinden, die manches Erlebnis wieder ganz real für uns werden lässt. Der getrocknete

Brautstrauß, der an die Hochzeit erinnert. Die erste Postkarte der Tochter aus dem Ferienlager. Die Brosche der verstorbenen Mutter. Wir Menschen haben viele solcher Symbole, manchmal ganz ungewöhnliche Schätze, die sich da in unserem Leben angesammelt haben.

II. Das Brot – der Schatz der Kirche

Manchmal, wenn ich mit Kindern aus dem Kindergarten die Kirche anschaue, dann erzähle ich ihnen, dass wir hier in der Kirche auch eine Schatzkiste haben. Nach einer Weile kommen sie dann auf den Tabernakel. Ich zeige ihnen den Schlüssel und frage sie, was wohl in der Schatzkiste ist. Manche vermuten Gold und Edelsteine. Die Überraschung ist groß, wenn ich dann die Schale mit den Hostien aus dem Tabernakel heraushole. Kleine runde Brotscheiben – ein Schatz? Wer um die Bedeutung dieses Brotes nicht weiß, wird nur darüber verwundert sein können. Was ist an diesem Brot so kostbar?

Und ich erzähle den Kindern dann das, was uns Paulus in der Schriftlesung, dem 1. Brief an die Korinther, überliefert hat, dass Jesus in der Nacht, da er verraten und dem Tod ausgeliefert wurde, beim letzten Mahl mit seinen Jüngern das Brot genommen und zu ihnen gesprochen hat: »Das ist mein Leib für euch. Tut dies zu meinem Gedächtnis!«

Als Jesus am Kreuz gestorben war, als die Jünger dann an Ostern gespürt hatten, dass er von den Toten auferstanden ist, dass sie ihn zwar nicht mehr sehen konnten, er aber dennoch bei Gott lebte, da erinnerten sie sich an diese Nacht vor seinem Tod.

Sie nahmen das Brot, brachen es miteinander und spürten, dass er ihnen in diesem Brot wieder gegenwärtig war. Und deshalb haben sie das Brot immer wieder gebrochen. Das Brot wurde für sie zum großen Schatz. Die Feier des Abendmahls wurde für sie zu einer heiligen Stunde, zum Gottesdienst. Und als dann Brot vom Abendmahl übrig blieb, blieb ihnen das Brot heilig, und sie legten es in den Tabernakel. Sie hätten es, ähnlich wie meine Großmutter den Verlust des Geldbeutels nicht ertragen hätte, nicht verwinden können, wenn dieses für sie heilige Brot weggeworfen worden wäre.

So haben wir bis heute in unseren Kirchen eine Schatzkiste und das Brot ist uns der vielleicht größte Schatz der Kirche geblieben. Das Brot, das für Menschen, die nicht an Christus glauben, wertlos ist, ist für uns ein heiliges Symbol, in dem wir uns an Jesus erinnern, in dem er uns gegenwärtig wird, in dem wir erhoffen, dass wir einst mit ihm und all unseren Verstorbenen das Brot wieder gemeinsam brechen werden.

III. Das Brot – dein Schatz fürs Leben!

Freilich haben wir es als heutige Christen schwerer mit dem Symbol »Brot« wie die ersten Christen, denn wir waren ja damals beim letzten Abendmahl nicht dabei. Wir haben dieses Symbol nicht in der ursprünglichen Aktion erlebt. Wir haben nicht direkt miterlebt, warum und wieso das Brot für die ersten Christen so kostbar wurde. Dass dieses Brot ein Schatz ist, ist uns erzählt und überliefert worden.

Aber so wie meiner Großmutter der Geldbeutel von ihrem Bruder Hugo heilig war, so ist er auch mir durch ihre Erzählung ebenso kostbar geworden. So wie das Brot den Jüngern, die mit Jesus das Abendmahl gefeiert haben, heilig war, so ist es auch mir durch die Erzählung meiner Eltern und Großeltern, meiner Religionslehrer und Pfarrer heilig geworden, so heilig, dass ich auch nach fast 2000 Jahren noch durch dieses Brot nicht nur an Jesus erinnert werde, sondern dass ich glaubend spüre, dass er in diesem Brot bei mir ist, so wie er einst bei den Jüngern war; dass ich glaubend hoffe, dass das nur der Beginn ist, dass am Ende das himmlische Mahl mit Jesus selbst stehen wird; dass er das Brot mit uns wieder brechen wird.

So ist das Brot für mich selbst zum Schatz geworden. Wenn es nur Schatz der Kirche geblieben und nicht auch zum meinigen geworden wäre, dann würde dieses Brot in meinem Leben immer noch nichts bedeuten, dann wäre es mir nicht heilig.

Wenn das Brot nur Schatz der Kirche bliebe und nicht in deinem und meinem Leben Bedeutung bekäme, dann wäre das zu wenig. Das Brot soll dir, soll mir, soll uns allen zum Lebensschatz werden.

Manchmal, wenn ich zu sterbenskranken Menschen gerufen wurde und diesen die Kommunion gereicht habe, habe ich spüren dürfen, welch kostbarer Schatz dieses Brot für diese dem Tode nahen Menschen war. Es war für sie wahrhaftig Brot des Lebens, das sie nicht nur erinnernd, sondern ganz gegenwärtig und auf die Zukunft hin, auf ihren Tod hin mit Jesus verbunden hat.

So möchte ich dir in dieser besonderen Nacht, in der wir uns des letzten Abendmahls erinnern, sagen, was uns der Apostel Paulus überliefert hat: Das Brot ist dein Schatz! Es ist der Leib Jesu für dich! Feiere deshalb das Mahl dieser Nacht immer wieder. Erinnere dich immer wieder an Jesus. Lasse im Brot seine Gegenwart für dich aufleuchten. Traue dem Leben und hoffe darauf, dass er es einst für dich erneut brechen wird. Amen.

Glaubensbekenntnis: GL 489: Gott ist dreifaltig einer

Fürbitten

Guter Gott,
durch das heilige Mahl sind wir heute in besonderer Weise mit dir und untereinander verbunden. Deshalb bitten wir dich:

- Für unsere Erstkommunionkinder und Firmanden: Begleite sie auf ihrem Lebensweg. Sei ihre Freude und ihr Lachen in den schönen Stunden ihres Lebens. Sei ihre Hoffnung und ihr Trost in den schweren Stunden.
- Für alle Christen auf der ganzen Welt, die in dieser Nacht das Abendmahl feiern: Lass sie deine Gegenwart erfahren und daraus die Kraft schöpfen, für deine Liebe in dieser Welt einzustehen.
- Für unsere Gottesdienstgemeinschaft: Lass uns tief in unseren Herzen spüren, dass du in diesem heiligen Mahl – wenn auch unsichtbar – mitten unter uns bist.
- Für alle Kinder dieser Welt: Lass sie spüren, dass du ihnen Vater bist und sie sich bei dir geborgen fühlen dürfen.
- Für alle Christen auf dieser Welt: Hilf uns, dass wir trotz aller Verschiedenheit zum gemeinsamen Abendmahl wieder zusammenfinden.
- Für unsere Verstorbenen: Lass sie leben bei dir und lass uns mit ihnen durch das Abendmahl, durch das Mahl der Liebe verbunden sein.

Gott, dir dürfen wir alles, was uns auf dem Herzen liegt, anvertrauen. Nimm das, was uns bewegt und beschäftigt, mit hinein in das heilige Mahl, das wir nun miteinander feiern, und lass uns deine Gegenwart erfahren durch Jesus Christus, unseren Herrn und Bruder. Amen.

Lied zur Gabenbereitung: GL 534: Herr, wir bringen in Brot und Wein

Herr, wir bringen in Brot und Wein unsere Welt zu dir,
unsere Freude und unsere Hoffnung,
unsere Trauer und unsere Angst.

Lied: Herr, wir bringen in Brot und Wein

Herr, wir bringen in Brot und Wein unsere Welt zu dir,
alles, was uns in diesen Tagen bewegt und beschäftigt,
was uns nachdenklich, vielleicht gar besorgt macht.

Lied: Herr, wir bringen in Brot und Wein

Herr, wir bringen in Brot und Wein unsere Welt zu dir,
all die Menschen, die wir lieben,
mit denen wir befreundet sind,
die uns wichtige Weggefährten auf unserem Lebensweg sind.

Lied: Herr, wir bringen in Brot und Wein

Herr, wir bringen in Brot und Wein unsere Welt zu dir,
auch all das, was uns nicht gelungen ist.
Auch allen Streit, der auf Versöhnung wartet.

Lied: Herr, wir bringen in Brot und Wein

Gebet

Guter Gott!
Wenn wir hier und heute beim Mahl beisammen sind
wie einst Jesus mit seinen Jüngern,
dann sei du mitten unter uns.
Sei du die Kraft der Liebe, die uns aufeinander zugehen lässt.
Sei du die Kraft des Friedens,
die uns offen macht zur Versöhnung miteinander.
Sei du die Kraft der Gerechtigkeit, die uns einander gerecht werden lässt,
uns die Sorgen und Nöte,
die Freuden und Talente unserer Mitmenschen sehen lässt.
Sei du mit uns, durch Jesus Christus,
der uns in Brot und Wein gegenwärtig ist
heute und alle Tage unseres Lebens. Amen.

Präfation

In Wahrheit ist es würdig und recht, dir, Gott, zu danken. Du hast deinen Sohn in diese Welt gesandt, um deine Macht der Liebe dem Bösen in der Welt entgegenzustellen. In der Art und Weise, wie Jesus mit Menschen umgeht, wie er heilend in ihr Leben eingreift, sie aufrichtet und befreit, zeigt sich uns, wie Liebe wirklich sein kann, wie du, Gott, zu uns Menschen stehst. Deine grenzenlose Liebe zu künden, ist Jesus in die Welt gekommen. Auch der ihm drohende Tod, auch die Bosheit der Menschen konnte ihn nicht daran hindern, diese Botschaft der Liebe in die Welt hinauszutragen. Und so feiern wir in dieser Nacht, in diesem heiligen Mahl die Gegenwart seiner Liebe, die wir loben und preisen mit allen Engeln und Heiligen und allen Menschen, die sich Jesus Christus glaubend anvertraut haben.

Sanctus: Heilig, heilig, heilig – Franz Schubert
(alternativ: Sanctus, sanctus, sanctus dominus – Taizé)

Hochgebet

Ja, du bist heilig, großer Gott. Du bist der Quell aller Heiligkeit. Du bist die Quelle aller Liebe, nach der wir dürsten. Du bist die Quelle der Hoffnung, die uns Mut macht für die Zukunft. Du bist die Quelle des Glaubens, die uns dir vertrauen lässt, was immer in unserem Leben auch passieren mag.

Deshalb kommen wir hier zusammen, um das Mahl der Liebe miteinander zu feiern, wie es uns Jesus in jener Nacht aufgetragen hat, da er seine Jünger um sich zum Pessach-Mahl, zum Mahl der Befreiung, versammelte.

Dein Geist der Liebe und des Friedens, der Freiheit und der Gerechtigkeit war mitten unter ihnen. So bitten wir dich:

Sende diesen, deinen Geist auch auf uns und diese Gaben herab, damit wir zur Abendmahlsgemeinschaft werden wie einst Jesus und seine Jünger in Jerusalem, damit uns Brot und Wein zu seinem Leib und Blut werden, damit wir seine Gegenwart spüren mitten unter uns.

In jener Nacht nahm Jesus das Brot, sagte Dank, brach es und reichte es seinen Jüngern und sprach: Nehmet und esset alle davon. Das ist mein Leib, der für euch hingegeben wird.

Ebenso nahm er nach dem Mahl den Kelch, dankte wiederum, reichte ihn seinen Jüngern und sprach: Nehmet und trinket alle daraus: Das ist der Kelch des neuen und ewigen Bundes, mein Blut, das für euch und für alle vergossen wird zur Vergebung der Sünden.
Tut dies zu meinem Gedächtnis.
Geheimnis unseres Glaubens.

Lied: Wir preisen deinen Tod

Darum sind wir, guter Gott, in dieser Nacht zusammengekommen, weil uns der Glaube erfüllt, dass die Liebe deines Sohnes zu uns Menschen auch durch den ihm drohenden Tod nicht aufzuhalten war, dass sein Leben im Tod kein Ende, sondern durch die Auferstehung einen neuen Anfang erfahren hat.

Jesus ist nicht tot. Er lebt mitten unter uns. In Brot und Wein, in seinem Leib und Blut gibt er uns Anteil an seinem Leben, will er die Kraft der Liebe in uns sein, die auch den Tod nicht fürchtet.

In diesem Glauben sind wir als Gemeinschaft, als communio mit Christen auf der ganzen Erde verbunden. Und es ist uns als Kirche aufgetragen, diese Frohbotschaft unter die Menschen aller Erdteile zu tragen. Dies tun wir vereint mit unserem Papst N., unserem Bischof N. und allen Bischöfen, allen Frauen und Männern, die Dienste und Aufgaben in dieser Kirche übernehmen.

Dieser Glaube verbindet uns jedoch nicht nur mit den Menschen der Gegenwart, sondern auch mit denen, die vor uns gelebt haben. In diesem Mahl der Liebe sind wir mit ihnen durch Jesus Christus vereinigt, denn er hat uns die Hoffnung gegeben, dass es eine Gemeinschaft über den Tod hinaus gibt.

So feiern wir dieses Mahl im Glauben an deine Gegenwart, im Glauben daran, dass die Liebe nicht stirbt, dass wir immer in dir geborgen sein dürfen, dass der Weg durch Leben und Tod, den uns dein Sohn Jesus Christus geöffnet hat, in dir seinen Anfang und sein Ziel hat. Deshalb beten wir gemeinsam:

Durch ihn und mit ihm und in ihm ist dir, Gott, allmächtiger Vater, in der Einheit des Heiligen Geistes alle Herrlichkeit und Ehre jetzt und in Ewigkeit. Amen.

Vaterunser – Friedensgruß – Agnus Dei

Wir möchten das Abendmahl heute auf eine Weise feiern, bei der der Gemeinschaft stiftende Charakter dieses Mahls noch deutlicher als sonst hervortritt. Wir bitten Sie, reihenweise nach vorne zu kommen und sich in drei Kreisen zu etwa 20 Personen um die jeweiligen Kommunionhelferinnen und -helfer herum aufzustellen. Ein Kreis bildet sich zur Linken des Altars, einer zur Rechten. Ein dritter Kreis bildet sich in der Mitte vor dem Altar. Sie empfangen dann den Leib Christi in der Gestalt des Brotes. Anschließend empfangen Sie das Blut Christi. Alle warten so lange im Kreis, bis sie gemeinsam mit einem Wort der Hoffnung aus der Bibel wieder zu den Plätzen geschickt werden. Dann kommen die nächsten Reihen und bilden einen neuen Kreis. Die Erstkommunionkinder sind heute eingeladen, mit ihren Eltern in aller Ruhe am Abendmahl teilzunehmen, bevor sie das eigentliche Erstkommunionfest dann am … feiern.

Kommunion

(Wort der Hoffnung:)
»Jesus antwortete ihnen:
Ich bin das Brot des Lebens;
wer zu mir kommt, wird nie mehr hungern,
und wer an mich glaubt, wird nie mehr Durst haben.« (Joh 6,35)

Stille

Die Ministranten werden nun den Altar abdecken. Die Kommunionhelferinnen und -helfer werden die heilige Kommunion in die Sakristei bringen. Der Tabernakel und der Altar bleiben bis zum Ostersonntag leer.
Denn Jesus hat zu seinen Jüngern während des letzten Mahls gesprochen: »Ich werde nicht mehr von der Frucht des Weinstocks trinken bis zu dem Tag, an dem ich von Neuem davon trinke im Reich Gottes.« Erst am Ostersonntag, dem Fest seiner Auferstehung, werden wir mit ihm wieder das Mahl feiern. Die Zeit von der Abendmahlsfeier bis zur Osternachtsfeier soll eine Zeit des Gedenkens an den Tod Jesu, insbesondere auch eine Zeit der Besinnung und des Gebets sein.

Danklied: GL 887, 1–3: Lobe Zion, deinen Hirten

Gebet

Herr Jesus Christus,
dieses Brot ist das Zeichen:
Einmal muss das Fest kommen,
das Fest der großen Einheit,
das Fest der großen Vielfalt.
Einmal muss das Fest kommen
an dem großen Tisch der Welt, der zum Himmel wurde,
an dem großen Tisch, an dem niemand fehlt,
bei dem Mahl, bei dem sich keiner abmeldet,
weil er etwas Besseres und Wichtigeres zu tun hat.
Einmal muss der Tag doch kommen!
Von dieser Hoffnung leben wir,
und darum sind wir hier zusammen,
weil wir auf den Tag hin verwandelt werden wollen:
fähig werden wollen für dieses Fest,
einig werden wollen zu diesem Mahl,
Schritt für Schritt einander entgegen.
Deshalb sei du uns gegenwärtig,
Gott, du Quelle und Ziel unseres Lebens,
durch Jesus Christus, deinen Sohn,
an dem wir Anteil haben in Brot und Wein,
im Heiligen Geist, dem Geist der Liebe,
der herrscht über allen Tod hinaus bis in alle Ewigkeit. Amen.

> nach: Hubertus Halbfas, Fundamentalkatechetik. Sprache u. Erfahrung im
> Religionsunterricht © Hubertus Halfas, Drolshagen

(alternativ: Litanei zur eucharistischen Anbetung)
Jesus, du Licht unseres Lebens. – Komm in unsere Mitte.
Du Freund der Menschen. – Komm in unsere Mitte.
Du Befreier der Unterdrückten. – Komm in unsere Mitte.
Du Brot der Notleidenden. – Komm in unsere Mitte.
Du Tür zum Leben. – Komm in unsere Mitte.
Du Weinstock der Dürstenden. – Komm in unsere Mitte.
Du Sehnsucht der Menschen. – Komm in unsere Mitte.

Liedruf: Wir preisen deinen Tod

Du hast die Gekrümmten aufgerichtet. – Komm in unsere Mitte.
Du hast die Außenseiter in deine Gemeinschaft gezogen. – Komm in unsere Mitte.
Du hast die Kranken geheilt. – Komm in unsere Mitte.
Du hast die Trauernden getröstet. – Komm in unsere Mitte.
Du hast das Brot unter den Menschen verteilt. – Komm in unsere Mitte.
Du hast die Kinder zu dir kommen lassen. – Komm in unsere Mitte.
Du hast dich für die Schwachen eingesetzt. – Komm in unsere Mitte.

Liedruf: Wir preisen deinen Tod

Du bist wahrer Mensch und wahrer Gott. – Komm in unsere Mitte.
Du bist für uns Menschen und zu unserem Heil in die Welt gekommen. – Komm in unsere Mitte.
Du wurdest gekreuzigt, weil du geliebt hast wie kein anderer. – Komm in unsere Mitte.
Du bist gestorben, wie ein jeder von uns sterben muss. – Komm in unsere Mitte.
Du bist auferstanden von den Toten. – Komm in unsere Mitte.
Du hast den Himmel aufgeschlossen für uns Menschen. – Komm in unsere Mitte.
Du bist die Auferstehung und das Leben. – Komm in unsere Mitte.

Liedruf: Wir preisen deinen Tod

Eucharistischer Segen

Der Gottesdienst am Gründonnerstag hat eigentlich kein Ende, sondern leitet eine Nacht des Gebets ein. »Bleibet hier und wachet mit mir. Wachet und betet.« Wir laden ein, im Anschluss an den Gottesdienst noch im stillen Gebet vor der Monstranz zu verharren.

Schlusslied: Bleibet hier und wachet mit mir

12. Karfreitag

Einzug und stilles Gebet

(Seelsorger, Ministranten und Lektoren knien vor dem Kreuz nieder und verharren im stillen Gebet vor dem Altar.)

Eingangslied: GL 293,1.3.4: Auf dich allein ich baue
(alternativ: Von guten Mächten wunderbar geborgen, 1–3)

Liturgische Begrüßung – Einführung

Ein Tuch ist über die Welt ausgebreitet. *(hält ein schwarzes Tuch hoch)* Es ist schwarz wie die Nacht, dunkel wie der Tod. Ein schwarzes Tuch, das für die Hoffnungslosigkeit vieler Menschen steht. Ein schwarzes Tuch, das Ausdruck ist für das Leid vieler Menschen.

Ein schwarzes Tuch, das uns an Sterben und Tod erinnert.

Ein schwarzes Tuch breitet sich über unsere Erde. Ein Tuch des Leids und der Hoffnungslosigkeit, ein Tuch des Schmerzes und des Todes.

Wer nimmt dieses schwarze Tuch weg von dieser Welt? Wer schenkt ihr Leben, Licht, Freude und Hoffnung?

Jesus hat das schwarze Tuch nicht einfach weggenommen, aber er hat es auf sich genommen. So wie viele Menschen leiden müssen, hat auch er gelitten. So wie wir alle einst sterben müssen, hat auch er den Tod auf sich genommen. Am Kreuz ist Jesus uns Menschen zum Bruder geworden. Sein Leid ist unser Leid geworden. Unser Leid ist seines geworden. Als Zeichen dafür wollen wir das schwarze Tuch am heutigen Tag in unsere Mitte und nachher darauf das Kreuz legen.

Kyrie

Herr Jesus Christus,
du bist den Weg der Liebe mit aller Konsequenz gegangen –
auch mit der Konsequenz des Kreuzes.
Herr, erbarme dich.

Du hast die Untiefen menschlichen Leides am eigenen Leib erfahren und bist darin allen Menschen dieser Erde, die Leid und Schmerz tragen, nahe.
Christus, erbarme dich.

Du hast in deinem Sterben die Nähe Gottes erfahren.
Alle Trennung zwischen Gott und Mensch ist in deinem Tod überwunden worden.
Herr, erbarme dich.

Guter Gott, verzeih uns unsere Schuld und unser Versagen. Richte uns auf zu befreitem Leben, in dem wir – auch im Leid – immer wieder deine heilsame Nähe spüren dürfen. Amen.

Gebet

Gott, unser Vater,
am gestrigen Abend haben wir uns des letzten Mahls erinnert,
das dein Sohn Jesus mit seinen Jüngern gefeiert hat.
Er hat gespürt, dass es immer gefährlicher für ihn in Jerusalem wurde.
Er hat seinen Tod schon geahnt.
In seiner Todesstunde haben wir uns heute versammelt,
um seines Todes zu gedenken,
um der Liebe zu gedenken,
die er auf solche Weise gelebt hat,
dass ihn nicht einmal die Gefahr des Todes daran gehindert hat.
Wir bitten dich:
Lass uns diese Liebe zum Menschen,
die selbst vor dem Tod nicht zurückscheute,
tief in unseren Herzen begreifen.
Darum bitten wir durch Jesus Christus,
unseren Herrn und Bruder. Amen.

Schriftlesung: Jes 52,13–53,12

Zwischengesang: GL 183,1–5: Wer leben will wie Gott auf dieser Erde

Evangelium – Passion: Joh 18,1–19,42

Lied: GL 179,1–2: O Haupt voll Blut und Wunden

Predigt:

I. Das Kreuz – Ärgernis und Torheit
Im Paedagogicum, einer antiken Schule am Palatinhügel in Rom findet man eine alte Wandkritzelei, einen gekreuzigten Esel. Dieser gekreuzigte Esel macht anschaulich, was viele Menschen der Antike angesichts des Glaubens der jungen Christenheit an einen gekreuzigten Gottessohn empfunden haben. Paulus gibt diesem Empfinden in 1 Kor 1,23 in Worten Ausdruck: »Wir dagegen verkündigen Christus als den Gekreuzigten: für Juden ein empörendes Ärgernis, für Heiden eine Torheit.«

Ein Gehenkter war nach jüdischem Verständnis ein von Gott Verfluchter. Im Gekreuzigten den Sohn Gottes zu erblicken war deshalb für die Juden ein Gegensatz in sich, ein Ärgernis, weil theologisch eigentlich undenkbar.

Für die Heiden hingegen – das macht auch der gekreuzigte Esel sichtbar – war ein gekreuzigter Gottessohn eine Lächerlichkeit. Wenn einer Gottes Sohn ist, dann hat er Macht, dann muss er nicht am Kreuz sterben.

Für die antike Welt war vollkommen unverständlich, was die ersten Christen glaubten: dass sich gerade in diesem gekreuzigten Jesus von Nazareth Gott selbst offenbart hat, dass uns in dem, der den furchtbaren Foltertod eines Verbrechers stirbt, der Sohn Gottes begegnet.

Was für ihre antike Umgebung unverständlich war, war auch für die junge Christenheit nicht leicht zusammenzubringen. Glaubte man einerseits fest an die Auferstehung Jesu und damit auch daran, dass Gott Jesus im Tod als Sohn Gottes bewahrheitet hat, war es andererseits auch für die ersten Christen nur schwer zu begründen, warum Jesus dann sterben musste, wenn er doch der Sohn Gottes war und ist.

II. Ein beleidigter Gott?
Auf diese schwierige Frage suchten die ersten Christen in ihrer Bibel, im Alten Testament eine Antwort. Einen der Texte, den sie dabei fanden, das

vierte Lied vom Gottesknecht im Buch des Propheten Jesaja, haben wir vorher als Schriftlesung gehört. Dort heißt es:

»Doch er wurde durchbohrt wegen unserer Verbrechen,
wegen unserer Sünden zermalmt.
Zu unserem Heil lag die Strafe auf ihm,
durch seine Wunden sind wir geheilt. […]
Doch der Herr lud auf ihn die Schuld von uns allen.«

Der Tod des Gottesknechts und damit der Tod Jesu, den die ersten Christen mit dem Gottesknecht identifizierten, werden hier als Sühnopfer dargestellt. In der Theologie wurde und wird das bis heute immer wieder so ausgedrückt, dass Jesus sich für unsere Sünden geopfert hat, um alle Schuld vom Menschen zu nehmen. Diese Darstellungsweise ist so sehr in unsere christliche Sprache eingegangen, dass wir sie manchmal gar nicht mehr hinterfragen und überdenken, denn auf den zweiten Blick steht dahinter doch oft ein seltsames und fragwürdiges Gottesbild: das Bild eines vom Menschen gekränkten, geradezu beleidigten Gottes, der nur durch ein solches Opfer wieder positiv auf den Menschen zu stimmen ist.

Aber braucht Gott ein solches Todesopfer, um den Menschen ihre Schuld vergeben, um ihnen wieder gnädig sein zu können? Ist Gottes Gnade tatsächlich so klein, dass sie ein großes Opfer braucht? Das Bild eines solchen Gottes würde eigentlich nicht mit dem zusammenpassen, was uns Jesus zu Lebzeiten in Wort und Tat verkündet hat.

Wie kann ich die Worte des vierten Gottesknechtsliedes dann verstehen? Oder anders gefragt: Warum musste Jesus dann überhaupt sterben?

III. Warum musste Jesus sterben?
Jesus hat sich zu Lebzeiten mit aller Radikalität auf die Seite der Kleinen und Schwachen, der Ohnmächtigen und Ausgegrenzten gestellt. Jesus hat dabei immer wieder Menschen gezeigt, dass Gott sie nicht an ihren Fehlern, an ihrem Versagen, an ihrer Schuld misst, dass Gott viel mehr daran Interesse hat, dass sie das Reich Gottes, das Reich der Liebe, des Friedens und der Gerechtigkeit mitten in ihrem Leben finden. Deshalb vergab er auch Menschen im Namen Gottes ihre Sünden. Deshalb saß er mit denen an einem Tisch, die damals als Sünder angesehen wurden.

Das war den Hohenpriestern im Tempel ein Dorn im Auge, wie gnädig Jesus mit den Sündern umging, wie er ihnen, die aus ihrer Sicht die gerechte Strafe verdient hatten, ihr Versagen und ihre Fehler nachsah und ihnen dann auch noch im Namen Gottes ihre Schuld vergab. Weil sie die Güte, die Jesus ausstrahlte, nicht ertragen konnten, weil er ihren Glauben, ihr religiöses System, auf dem ja letztendlich auch ihre Macht gründete, durcheinander brachte, beschlossen die Hohenpriester ihn zu töten.

Jesus spürte damals sehr wohl, dass es in Jerusalem für ihn gefährlich werden würde. Er hätte fliehen können, er hätte nicht sterben müssen. Aber er wusste auch, dass eine Flucht das Aufgeben seiner Botschaft und damit das Aufgeben des Willens Gottes, seines Vaters, bedeutet hätte.

Was in Jesus damals vorgegangen sein muss, kann man sehr gut in einem Spielfilm über Oscar Romero, den einstigen Bischof von El Salvador nachempfinden, der sich in den 70er-Jahren radikal auf die Seite der Armen gestellt und sich damit zum Feind der Mächtigen in El Salvador gemacht hat. Eines Tages wurde ihm deshalb der Tod angedroht. Romero hatte Angst. Romero rang mit seiner Entscheidung, aber er blieb letztendlich bei seiner Botschaft, blieb bei seinem konsequenten Eintreten für die Armen. Er begründete das damit, dass – auch wenn er sterben müsse – sein Blut zum Saatkorn der Freiheit in seinem Volk werden würde.

Darum und noch um mehr geht es Jesus: Er will, dass die Botschaft vom nahen Reich Gottes, von Freiheit und Liebe, Frieden und Gerechtigkeit weitergeht. Er will, dass sein Blut zum Saatkorn des Reiches Gottes unter den Menschen wird. Die Botschaft vom nahen Reich Gottes darf nicht sterben. Deshalb lebt sie Jesus mit aller Konsequenz, auch mit der Konsequenz des Todes.

Nicht weil Gott es wollte, sondern weil Menschen, weil die Priesterschaft von Jerusalem es wollte, weil sie die Liebe Gottes in ihrer ganzen Größe nicht ertragen konnten, darum musste Jesus sterben.

IV. Das Blut Jesu – Saatkorn des Reiches Gottes

Wenn Gott also gar kein solches Todesopfer brauchte, warum tauchen dann Erklärungen mit solchen Begrifflichkeiten auf? Wie kann man dann einen Text wie das vierte Gottesknechtslied richtig verstehen?

Die Erklärung finden wir im Lied selbst: »Wir meinten, er sei von Gott geschlagen, von ihm getroffen und gebeugt. Doch er wurde durchbohrt wegen unserer Verbrechen.« Nicht Gott trägt für das Leiden Jesu Verantwortung, sondern menschliche Verbrechen.

Der Gottesknecht Jesus stemmt sich dem Bösen, stemmt sich der menschlichen Sünde mit aller Kraft entgegen. Jesus hört nicht auf, die Liebe Gottes mit aller Konsequenz zu leben, auch dann nicht, als ihn menschliche Sünde, menschliche Rivalität und menschliche Grausamkeit bedrohen.

Wenn wir von Jesaja her Jesus als »Sühnopfer« verstehen, dann muss man wissen, dass Sühne immer etwas mit dem Wunsch des Geschädigten zu tun hat, dass die gestörte Beziehung zwischen ihm und dem Schädigenden wieder versöhnt wird. Deshalb bietet er dem Schädigenden das Sühnopfer an. Wenn Jesus also als Sühnopfer verstanden wird, dann heißt das nicht, dass Gott ein solches Opfer braucht, um gnädig zu sein, sondern dann heißt das, dass er voller Sehnsucht ist, dass die gestörte Beziehung zwischen ihm und den Menschen wieder aufgerichtet wird; dass Jesus diese Sehnsucht mit solcher Konsequenz lebt, dass er damit auch das Opfer des Todes auf sich nimmt.

Das Blut Jesu ist nicht notwendig, damit Gott gnädig gestimmt wird, sondern dass das Reich Gottes in das Leben der Menschen hineinwächst. So könnte man auch für Jesus, ähnlich wie es Romero getan hat, formulieren: »Mein Blut wird ein Saatkorn des Reichs Gottes, mein Blut wird ein Saatkorn der Freiheit der Kinder Gottes in meinem Volk sein.« Amen.

Große Karfreitags-Fürbitten – Fürbittruf: GL 358,3

(Da wir die Erstkommunionkinder immer in unsere Karfreitagsliturgie miteinbeziehen, haben wir festgestellt, dass die Formulierungen des Messbuches für die Kinder zu lang waren, das Beugen der Knie dann für zusätzliche Unruhe und damit für eine eher unspirituelle Atmosphäre gesorgt hat. Deshalb hier ein Angebot verkürzter Fürbitten, die die Anliegen der großen Karfreitagsfürbitten aber sehr wohl aufgreifen:)

Guter Gott,
wir Menschen gehen nicht nur gut miteinander um. Wir gehen auch immer wieder auf solche Weise miteinander um, dass Menschen leiden müssen, dass Menschen wie Jesus am Kreuz landen. So bitten wir dich, Gott, in der Todesstunde Jesu um den Geist der Liebe für unser Leben, für unsere Kirche, für unsere Welt:

- Lasst uns beten für unsere Kirche, für alle Christen auf dieser Erde, dass sie zum Zeichen deiner Liebe und deines Friedens in der Welt werden.
- Lasst uns beten für den Papst, unseren Bischof, unsere Priester und

alle Frauen und Männer, die im Dienst der Kirche stehen, dass sie auf glaubwürdige Weise deine Frohbotschaft bezeugen.
- Lasst uns beten für alle Kinder und Jugendlichen, denen inmitten der Gemeinschaft unserer Kirche, aber auch an anderen Orten großes Unrecht angetan wurde, die missbraucht und an Leib und Seele verletzt wurden.
- Lasst uns beten für alle christlichen Kirchen, dass sie mutig aufeinander zugehen, um Einheit und Versöhnung miteinander zu finden.
- Lasst uns beten für die Erstkommunionkinder und Firmanden dieses Jahres, dass der Glaube an dich sie durch ihr Leben tragen möge.
- Lasst uns beten für unsere jüdischen Schwestern und Brüder, dass sie uns die Wurzeln unseres eigenen Glaubens zeigen können und wir mehr und mehr im gemeinsam gelebten Schalom zusammenfinden.
- Lasst uns beten für alle, die nicht an Gott glauben, dass sie Wege und Zeichen finden, die sie zu dir führen.
- Lasst uns beten für alle Regierenden in der Welt, dass sie Sorge dafür tragen, dass die Menschen in Frieden und Freiheit leben können.
- Lasst uns beten für alle Notleidenden in dieser Welt, dass sie befreit werden von Hunger, Armut und allen Fesseln der Ungerechtigkeit.
- Lasst uns beten für all unsere Verstorbenen, dass sie nun deine Liebe und Geborgenheit erfahren dürfen.

Guter Gott, im Leiden deines Sohnes Jesus haben wir deine Nähe zu uns Menschen erfahren. Er hat das Leiden angenommen, weil er erfüllt war von der Liebe zu uns Menschen. So steht er uns im Leid zur Seite, lässt uns nicht allein. Dafür danken wir dir, himmlischer Vater und beten gemeinsam:

Vaterunser

Lied: GL 179, 6–7: O Haupt voll Blut und Wunden

Kreuzverehrung

Das Kreuz war bis zum heutigen Tag verhüllt. Am Kreuz offenbart Jesus seine ganze Liebe zu uns Menschen. Am Kreuz offenbart er sich als Heiland der Welt. Deshalb enthüllen wir das Kreuz an Karfreitag und sprechen mit dem Hauptmann unter dem Kreuz: »Wahrhaftig, dieser war Gottes Sohn!«

Der Priester wird nun das Kreuz in die Kirche tragen und es nach und nach enthüllen. Dreimal ertönt der Ruf im GL 204, 2: »Seht das Kreuz, an dem der Herr gehangen, das Heil der Welt.« Wir antworten jeweils: »Kommt, lasset uns anbeten.« Wir knien uns dann nieder zum stillen Gebet.

Stilles Gebet

Nach dem stillen Gebet Kreuzverehrung mit Lied: GL 811: Im Kreuz ist Heil, im Kreuz ist Sieg, im Kreuz ist Ehre

Überreichung der Kreuze an die Erstkommunionkinder

Der Altar bleibt bis zum Ostersonntag leer. Das Brot ist uns im wahrsten Sinne des Wortes ausgegangen. Jesus ist tot. Aber am Ostersonntag wird der Altartisch wieder gedeckt, da feiern wir Jesus selbst als Brot des Lebens.

Am Schluss der heutigen Karfreitagsandacht wollen wir euch, liebe Erstkommunionkinder, das Kreuz umhängen. Jesus hat zu seinen Jüngern einmal gesagt: »Nehmt euer Kreuz auf euch und folgt mir nach!« Er will damit sagen: »Liebt die Menschen mit derselben Konsequenz, wie ich es getan habe. Folgt mir auf diesem Weg der Liebe und des Friedens, der Freiheit und Gerechtigkeit.« So soll auch für euch, liebe Kinder, das Kreuz dafür ein Zeichen sein: Folgt Jesus nach und tragt seine Liebe in die Welt.

Segen über die Erstkommunionkreuze

Wir bitten dich, guter Gott,
segne diese Kreuze.
Lass die Erstkommunionkinder spüren,
dass du ihnen auch in den Stunden ihres Lebens,
in denen sie Schmerz und Leid erfahren, nahe bist.
Erinnere sie durch diese Kreuze immer wieder daran,
dass sie Jesus auf dem Weg der Liebe nachfolgen sollen.
Amen.

Die Kinder kommen nach vorne. Das Erstkommunionkreuz wird ihnen mit den Worten umgehängt: »N.N., folge Jesus nach und trage seine Liebe in die Welt.«

Gebet – Segen

Gott, unser Vater,
im Sterben deines Sohnes riss der Vorhang des Tempels,
der den göttlichen und menschlichen Bereich
nach jüdischer Vorstellung voneinander trennte.
Im Moment des Todes Jesu zerreißt alles,
was trennend zwischen dir und uns steht.
Im Moment des Todes Jesu wird der Tod zerrissen,
wirst du als Gott des Lebens offenbar.
Im Moment des Todes Jesu kommst du uns Menschen unendlich nahe.
Das Kreuz ist uns Zeichen dafür – heute und in alle Ewigkeit. Amen.

So gehen wir im Zeichen des Kreuzes, das uns zum Segenszeichen geworden ist
So segne uns Gott, der Vater, der Sohn und der Heilige Geist. Amen.

Schlusslied: GL 297,1.4.5: Gott liebt diese Welt.

13. Stark wie zwei! – Osternacht

Einführung

Am Palmsonntag haben wir Jesus auf dem Weg nach Jerusalem begleitet. Am Gründonnerstag haben wir das letzte Abendmahl mit Jesus und seinen Jüngern gefeiert. Am Karfreitag gedachten wir des Leidens und Sterbens Jesu.

Jesus ist tot. Diese Erfahrung hat die Jünger zunächst verzweifelt und mutlos werden lassen. Sie flüchteten, weil sie selbst Angst hatten, gefangen genommen zu werden. Doch in der Osternacht ist etwas passiert, was ihnen neuen Mut und einen neuen Anfang geschenkt hat. Sie haben erfahren: Jesus ist von den Toten auferstanden. Jesus lebt. Diese Frohe Botschaft wollen wir nun im Osternachtsgottesdienst miteinander feiern.

Segen über das Feuer

Guter Gott!
Du hast durch Christus allen Menschen
das Licht deiner Herrlichkeit geschenkt.
In ihm leuchtete uns das Feuer deiner Liebe zu uns Menschen auf.
In ihm zeigte sich uns deine wärmende Nähe und Güte.
In ihm loderte uns erfülltes Menschsein auf.
So bitten wir dich:
Segne dieses Feuer,
das alle Nächte unseres Lebens erhellt,
und entflamme in uns die Sehnsucht nach dir,
dem unvergänglichen Licht.
Darum bitten wir durch Christus,
unseren auferstandenen Bruder und Herrn. Amen.

Anzünden der Osterkerze

Christus, gestern und heute, *(senkrechter Balken)*
Anfang und Ende, *(Querbalken)*

Alpha *(über dem Kreuz)*
und Omega. *(unter dem Kreuz)*
Sein ist die Zeit *(1. Ziffer)*
und die Ewigkeit. *(2. Ziffer)*
Sein ist die Macht und die Herrlichkeit *(3. Ziffer)*
in alle Ewigkeit. Amen. *(4. Ziffer)*

Prozession

Die Gemeinde zieht nun in die Kirche. Die Erstkommunionkinder ziehen mit dem Priester, den Ministranten/-innen und den Lektoren/-innen in die Kirche ein. Am Eingang der Kirche, mitten in der Kirche und vor dem Altar wird jeweils der Ruf »Lumen Christi. – Deo gratias.« gesungen. Nach dem ersten Ruf werden die Kerzen der Gottesdienstteilnehmer in der Kirche entzündet, indem die Ministranten das Feuer weiterreichen.

Anzünden der Erstkommunionkerzen

Unsere Erstkommunionkinder entzünden nun ihre Kommunionkerzen an der Osterkerze. Als österliche Menschen sind sie zum Fest der heiligen Kommunion, dem Fest der Gemeinschaft mit Jesus Christus eingeladen. Sie sollen das Licht der Osterkerze, den Glauben an die Auferstehung Jesu Christi hinaus in die Welt tragen.

(Die Erstkommunionkinder entzünden ihre Erstkommunionkerze an der auf dem Boden stehenden Osterkerze. Anschließend stellen sie sich im Halbkreis hinter dem Altar auf. Sie bleiben dort während des Exsultets stehen. Während des Liedes GL 208 ziehen sie in die Bänke.)

Exsultet

(Als Alternative zum Exsultet des Messbuches steht hier das altchristliche Lob der Osternacht und des Osterlichts, das von Asterios stammt. Dieses Gebet ist eines der ältesten und schönsten Ostergebete der Christenheit. Es stammt aus dem 4. Jahrhundert:)

O Nacht, heller als der Tag!
O Nacht, strahlender als die Sonne!
O Nacht, weißer als der Schnee!
O Nacht, blendender als der Blitz!
O Nacht, leuchtender als Fackeln!
O Nacht, köstlicher als das Paradies!
O Nacht, befreit von der Finsternis!
O Nacht, erfüllt von Licht!
O Nacht, die den Schlaf verscheucht!
O Nacht, die lehrt, mit den Engeln zu wachen!
O Nacht, Schrecken der Dämonen!
O Nacht, Sehnsucht des Jahres!
O Nacht, Brautführer der Kirche!
O Nacht, Mutter der Neugetauften!
O wahrhaft selige Nacht, die Himmel und Erde versöhnt,
die Gott und Menschen verbindet!
Darum bitten wir dich, o Herr:
Geweiht zum Ruhm deines Namens leuchte die Kerze fort,
um in dieser Nacht das Dunkel zu vertreiben.
Nimm sie an als lieblich duftendes Opfer,
vermähle ihr Licht mit den Lichtern am Himmel.
Sie leuchte, bis der Morgenstern erscheint,
jener wahre Morgenstern, der in Ewigkeit nicht untergeht:
dein Sohn, unser Herr Jesus Christus,
der von den Toten erstand;
der den Menschen erstrahlt im österlichen Licht;
der mit dir lebt und herrscht in alle Ewigkeit. Amen.

Lied zum Exsultet: GL 208,1–3: O Licht der wunderbaren Nacht

1. Lesung: Gen 1,1.26–31a

Kind 1:   Warum ist diese Nacht ganz anders als alle anderen Nächte?
Warum hören wir in dieser Nacht noch einmal,
wie Gott die Welt geschaffen hat?

Kind 2:   Wir erinnern uns in dieser Nacht,
dass Gott nicht nur Jesus von den Toten auferweckt hat,

              sondern dass er der Schöpfer allen Lebens ist.
              Ohne ihn würde es überhaupt kein Leben geben.
              Das erzählt uns die nun folgende Schriftlesung.

LektorIn: Lesung aus dem Buch Genesis …

Zwischengesang: GL 227, 1–5.12: Danket Gott, denn er ist gut

2. Lesung: Ex 14, 15–15, 1

Kind 1:   Warum ist diese Nacht ganz anders als alle anderen Nächte?
              Warum hören wir in dieser Nacht noch einmal,
              wie Gott die Israeliten aus Ägypten befreit hat?

Kind 2:   Wir erinnern uns in dieser Nacht,
              dass Gott nicht nur Jesus vom Tod befreit hat.
              Auch das Volk Israel hat diesen Gott schon als einen
              aus Knechtschaft und Unterdrückung
              befreienden Gott erfahren.
              Gott will Freiheit für die Menschen.
              Davon erzählt uns nun die zweite Schriftlesung.

LektorIn: Lesung aus dem Buch Exodus …

Gloria: GL 464: Gott in der Höh sei preis und Ehr
(alternativ: Dir, Gott, in den höchsten Höhen – Melodie: Halleluja lasst
uns singen)

Die Ministranten läuten mit den Klingeln während des ganzen Glorias im Wechsel. –
Das Licht geht an!

Gebet

Gott, du hast diese Nacht hell gemacht
durch den Glanz der Auferstehung unseres Herrn.
In der Taufe sind wir zu Schwestern und Brüdern Jesu geworden.
Deshalb dürfen wir glauben und hoffen,

dass auch wir, wenn wir einst sterben müssen,
zum Leben erweckt werden.
Dafür loben und preisen wir dich, Gott, von nun an bis in alle Ewigkeit.
Amen.

Epistel Röm 6, 3–11

Kind 1:   Warum ist diese Nacht ganz anders als alle anderen Nächte?
Warum werden wir in dieser Nacht an unsere Taufe erinnert?

Kind 2:   Wenn Christus auferstanden ist,
dann hat der Tod auch keine Macht mehr über uns,
die wir auf Christus getauft sind.
Das macht uns der Apostel Paulus in der Epistel deutlich.

LektorIn: Lesung aus dem Brief des Apostels Paulus an die Römer …

Bei der nun folgenden Evangelien-Prozession ziehen vier Ministranten mit dem Priester in die Sakristei und holen dort das Evangeliar. Wie nachher der Tisch des Abendmahls neu gedeckt wird, so wird nun auch der Tisch des Wortes gedeckt. Während der Prozession wird der Halleluja-Ruf beständig wiederholt.

Halleluja-Ruf: Surrexit Dominus vere

Evangelium: Mt 28, 1–10

Predigt: Stark wie zwei!

I. Alles nur Geschwätz?
Jesus war tot. Die Frauen hatten noch seinen letzten Todesschrei in den Ohren, sein qualvolles Sterben vor Augen. Das Bild ging ihnen nicht aus dem Sinn. Lange hatten sie ihn begleitet, hatten ihm mit leuchtenden Augen zugehört, hatten alle Hoffnung auf ihn gesetzt. Und nun war er tot wie all die anderen Propheten. Dabei hatten sie geglaubt, dass er der Messias sei.

Traurig, noch ganz gefangen von dem, was da passiert war, machten sie sich in der Morgendämmerung nach dem Sabbat, an dem sie ihn nicht hatten salben dürfen, weil es das Gesetz verbot, zu diesem letzten Liebesdienst auf zum Grab.

Wir wissen nicht genau, was an diesem Morgen passiert ist. Historisch lässt sich das nicht fassen. Die Evangelisten erzählen uns in unterschiedlichen Bildern davon, die versuchen einer Erfahrung Worte zu geben, die eigentlich nicht in Worten zu fassen ist.

Auf jeden Fall kehren die Frauen als andere Menschen vom Grab zurück. Waren sie vorher resigniert und hoffungslos, voller Traurigkeit, so waren sie danach fest davon überzeugt: Wir sind nicht allein. Er ist da. Er lebt.

Man braucht keine große Fantasie, um sich vorzustellen, wie die Jünger damals auf die Botschaft der Frauen reagiert haben. Vermutlich ist der Evangelist Lukas in der Beschreibung dieser Reaktion noch eher harmlos, wenn er schreibt: »Doch die Apostel hielten das alles für Geschwätz und glaubten ihnen nicht.« (Lk 24,11)

Alles nur Geschwätz! – So reagierte der engste Freundeskreis Jesu auf diese Nachricht. Seien wir ehrlich, so reagieren auch heute viele Menschen auf die Osterbotschaft. Nicht einmal mehr die Hälfte der Christen – so sagen neuere Umfragen – glauben an eine Auferstehung.

Wir sind nicht allein. Er ist da. Er lebt. – Ist das alles nur Geschwätz?

II. Stark wie zwei
Mit einer gewissen Überraschung habe ich, wenn man so will, ein modernes Osterzeugnis bei einem Sänger gefunden, bei dem ich, wenn ich ehrlich bin, gar nicht damit gerechnet hatte – bei Udo Lindenberg.

Udo Lindenberg verlor innerhalb relativ kurzer Zeit zwei Menschen, die ihm besonders nahe standen: Am 1. Februar 2004 erlag Rocco Klein, einer seiner besten Freunde, den Folgen eines Sturzes. Im September 2006 wurde Udos acht Jahre älterer Bruder Erich tot in seinem Künstleratelier gefunden. Im Frühjahr 2008 erschien dann ein Lied von Lindenberg, das mich tief beeindruckt hat, von dem ich nicht genau sagen kann, ob es auf beide Todesfälle oder nur auf einen reagiert. Aber das ist letztendlich auch unwesentlich. Hier ein Auszug aus dem Text des Liedes:

Der Tod ist ein Irrtum
ich krieg' das gar nicht klar
Die rufen gleich an und sagen:
Es ist doch nicht wahr
Es war nur'n Versehen

war'n falsches Signal
aus irgendeinem fernen Sternental
Ich wähl' deine Nummer
doch du gehst nicht mehr ran
Mir wird schockmäßig klar
es ist doch wahr:
Du kommst nicht mehr
doch ich lass' mich davon
nicht zu Boden schmettern

Der Fährmann setzt dich über'n Fluss rüber
Ich spür' deine Kraft geht voll auf mich über
Stark wie zwei
Ich geh' die Straße runter
stark wie zwei
Egal, wohin ich geh
du bist dabei
Ich bin jetzt stark wie zwei
Du bist wie schon so oft ein Pionier
Du reist jetzt schon mal vor
und irgendwann
dann folg' ich dir

Stark wie Zwei, Text: Udo Lindenberg; Musik: Annette Humpe,
aus dem Album: Stark wie zwei, 2008

Udo Lindenberg gibt hier seinen Gefühlen auf nachempfindbare Weise Ausdruck: Da stirbt plötzlich ein Freund, und man möchte es gar nicht glauben. Man kann es gar nicht fassen. Man wählt noch einmal die Telefonnummer. Niemand geht dran. Und irgendwann wird einem wie ein Schock klar, dass der andere nicht mehr da ist, dass man alleine zurück geblieben ist.

Mitten in der Trauer macht Lindenberg dann eine Erfahrung, die vielleicht der Ostererfahrung der Frauen ähnlich ist: Er spürt, dass er nicht allein ist. Er spürt, dass der Freund lebt, dass seine Kraft auf ihn übergeht, dass er da ist und dennoch nicht mehr nachweisbar vorhanden. Er spürt: Ich bin stark wie zwei. Das dauert manchmal lange Zeit, bis man so etwas spüren darf, aber der Moment kommt, wenn man nur lang genug darauf wartet.

»Du reist jetzt schon mal vor und irgendwann dann folg' ich dir.« Das sind Worte, die Lindenberg – vermutlich, ohne es zu wissen –, ähnlich formuliert wie sie uns der Evangelist Johannes von Jesus überliefert:

»Wenn ich gegangen bin und einen Platz für euch vorbereitet habe, komme ich wieder und werde euch zu mir holen, damit auch ihr dort seid, wo ich bin.« (Joh 14, 3)

III. Eine Botschaft, die die Welt erobert hat
Die Erfahrung von Udo Lindenberg, die Erfahrung der Frauen am Ostermorgen – ist das also alles nur Geschwätz? Gewiss, historische Belege, empirisch messbare Beweise gibt es nicht. Aber dennoch ist diese Erfahrung in Udo Lindenberg so stark, so intensiv, dass er sich in einem Lied öffentlich dazu bekennt.

Und die Erfahrung in den Frauen ist so stark, dass sie um die ganze Welt geht, dass sie lebendig ist bis zum heutigen Tag, sonst wären wir nicht hier in der Kirche: Jesus lebt. Wir sind nicht allein. Seine Kraft geht auf uns über. Wir sind stark wie zwei.

Wer wollte daran zweifeln, dass seine Kraft auf uns übergegangen ist? Wie sonst hätte diese Botschaft sonst die Welt erobern können? Wie sonst hätte aus dieser resignierten, hoffnungslos traurigen Schar von einfachen Frauen und Männern eine solche Bewegung entfacht werden können? Die Kraft, die dieser Bewegung innewohnt, die damals in der Dämmerung des frühen Ostermorgens entfacht wurde, wirkt allein schon tief überzeugend. Amen.

Taufwasserweihe

In der Taufe sind wir Christus gleich geworden. Wir sind getauft auf seinen Tod und werden mit ihm durch den Tod hindurchgehen zur Auferstehung. So wie die Osterkerze nun in das Taufwasser hineingetaucht wird, so wird unser Leichnam einst in der Erde begraben werden. So wie die Osterkerze aus dem Wasser wieder auftaucht, werden wir mit Christus auferstehen.

Gott, segne dieses Wasser,
dass es uns zum Wasser des Lebens werde,
das auch die Grenze des Todes überwindet.
Im Namen des Vater und des Sohnes und des Heiligen Geistes. Amen.

Erneuerung des Taufversprechens

Priester: Wir alle sind durch das österliche Geheimnis der Taufe mit Christus begraben worden, damit wir mit ihm auferstehen zu neuem Leben. Darum wollen wir heute unser Taufversprechen erneuern. Wir antworten mit »Ich widersage« bzw. mit »Ich glaube«.
Widersagt ihr dem Bösen, um in der Freiheit der Kinder Gottes leben zu können?

Gemeinde: Ich widersage.

Priester: Glaubt ihr an Gott, den Vater, den Allmächtigen, den Schöpfer des Himmels und der Erde?

Gemeinde: Ich glaube.

Priester: Glaubt ihr an Jesus Christus, seinen eingeborenen Sohn, unseren Herrn, der geboren ist von der Jungfrau Maria, der gelitten hat und begraben wurde, von den Toten auferstand und zur Rechten des Vaters sitzt?

Gemeinde: Ich glaube.

Priester: Glaubt ihr an den Heiligen Geist, die heilige katholische Kirche, die Gemeinschaft der Heiligen, die Vergebung der Sünden, die Auferstehung der Toten und das ewige Leben?

Gemeinde: Ich glaube.

Priester: Der allmächtige Gott, der Vater unseres Herrn Jesus Christus, hat uns aus dem Wasser und dem Heiligen Geist neues Leben geschenkt und uns alle Sünden vergeben. Er bewahre uns durch seine Gnade in Christus Jesus, unserem Herrn, zum ewigen Leben. Amen.

Lied: GL 220,1–3: Das ist der Tag, den Gott gemacht
(alternativ: Fest soll mein Taufbund)

Fürbitten

Guter Gott, Jesus ist nicht tot. Er lebt. Er ist auferstanden. So erfahren es die drei Frauen am frühen Ostermorgen. Dieser Hoffnung wollen wir alle Menschen anvertrauen, in deren Leben sich eine undurchdringlich erscheinende Mauer der Hoffnungslosigkeit geschoben hat:

- Gott, wir vertrauen dir alle Menschen an, die schon lange arbeitslos sind und die Mauer der Arbeitslosigkeit als undurchdringlich empfinden.
- Gott, wir vertrauen dir alle Ehepaare an, die so tief in einer Krise stecken, dass sie diese als unüberwindbar erleben.
- Gott, wir vertrauen dir alle Kranken an, für die ihre Krankheit zu einem Schicksal geworden ist, das sich wie ein Schatten über sie legt.
- Gott, wir vertrauen dir alle Menschen an, für die Krieg und Gewalt so sehr zum Alltag gehören, dass sie fast keine Hoffnung mehr auf Frieden haben.
- Gott, wir vertrauen dir alle Außenseiter an, die keine Tür mehr aus ihrer Einsamkeit herausfinden.
- Gott, wir vertrauen dir all unsere Toten an, die wir in die Dunkelheit des Grabes legen mussten.

Ja, Gott, dir vertrauen wir all das an, was wir Menschen nicht heilen können, wo wir uns als machtlos erleben. Öffne du den Spalt in der Wand, dass dein österliches Licht immer wieder in unsere Herzen dringen möge durch Christus, unseren Herrn und Bruder. Amen.

Die Ministranten werden nun den Altar wieder decken. Jesus hat den Tod besiegt. Die Zeit der Trauer hat ein Ende. Wir finden uns, so wie er es verheißen hat, wieder zum österlichen Mahl zusammen.

Die Ministranten gehen mit Beginn des Kommentars in die Sakristei hinein und kommen in einer Prozession zum Altar, um diesen feierlich zu decken.

Lied zur Gabenbereitung: GL 818,1–3: Christus ist erstanden

Gebet

Herr, unser Gott,
auf das Abendmahl scheint dein österliches Licht.

Segne Brot und Wein, dass sie zur Speise werden, die uns Kraft gibt, wider alle Dunkelheit menschlichen Lebens dem Licht österlicher Hoffnung zu trauen durch Christus, unsern Herrn und Bruder. Amen.

Präfation

Gott, an jenem denkwürdigen Morgen hast du die Finsternis aus dem Leben der Frauen vertrieben. Du hast ihnen mitten im Dunkel der Trauer ein Licht erscheinen lassen. Du hast sie spüren lassen, dass Jesus lebt, dass seine Liebe nicht verloren ist, dass er mitten unter uns gegenwärtig ist und uns mit seiner Liebe zu den Menschen anstecken will. Die Frauen haben uns diese Botschaft als Erste verkündet. Sie sind die Apostolinnen der Apostel, die ersten Künderinnen der Frohbotschaft, die seitdem um die ganze Welt gegangen ist und auch unsere Herzen an diesem Morgen erreicht. Dafür danken wir dir mit allen, die an das Geheimnis dieser Nacht glauben, und denen, die im Vertrauen auf deine ewige Liebe gestorben sind. Wir loben und preisen dich, du, unser Gott!

Sanctus: GL 257,1–2: Großer Gott, wir loben dich

Hochgebet – Vaterunser – Friedensgruß – Agnus Dei – Kommunion – Stille

Danklied: Manchmal feiern wir mitten am Tag ein Fest der Auferstehung

Segnung der Osterspeisen für das Osterfrühstück

Guter Gott,
segne diese Osterspeisen,
dass sie uns stärken für unseren Alltag,
dass wir aus der Kraft der Auferstehung leben,
dass wir den Glauben nicht verlieren:
Jesus lebt. Er hat den Tod besiegt für alle Zeit. Amen.

Gebet

Gott, unser Vater,
wir danken dir für diese Nacht,
die mit keiner anderen Nacht zu vergleichen ist,
die zur Nacht der Erlösung für uns geworden ist
durch die Auferstehung deines Sohnes.
Lass das Licht, das in dieser Nacht aufgegangen ist,
in alle Nächte unseres Lebens hineinleuchten,
auch in die letzte Nacht unseres eigenen Todes.
Darum bitten wir durch Jesus Christus,
unseren auferstandenen Bruder und Herrn. Amen.

Überreichung der Erstkommunionkleider

(In der Osternacht werden den Erstkommunionkindern ihre weißen Erstkommuniongewänder überreicht. Sie tragen die österliche Farbe. So wie die Fans eines Fußballvereins die Trikots ihres Vereins tragen, um ihre besondere Verbindung zu dem Verein auszudrücken, so sind auch wir durch dieses Gewand in besonderer Weise mit Jesus verbunden. Wir gehören zu ihm. Er gehört zu uns.)

Segen – Entlassung

Herr, unser Gott,
du hast die undurchdringlich wirkende Mauer des Todes durchbrochen.
Du hast eine Kraft, die zu größeren Taten fähig ist,
als wir Menschen sie jemals leisten könnten.
Du schenkst uns einen Frieden, der größer ist als der,
den wir Menschen erreichen können.
Du gibst uns eine Freude ins Herz, die durch nichts zu übertreffen ist,
die Freude des Lebens, das keinen Tod mehr kennt.
Dich, Gott, bitten wir um deinen Segen:

So segne uns Gott, der Vater, der Sohn und der Heilige Geist. Amen.

Schlusslied: GL 223,1–4: Wir wollen alle fröhlich sein

14. Maria von Magdala, Apostolin der Apostel – Ostersonntag

Eingangslied: GL 818, 1–3: Christus ist erstanden

Liturgische Begrüßung – Einführung

Als Maria von Magdala an jenem denkwürdigen Morgen losging, war es noch finstere Nacht. Auch die aufkeimende Morgendämmerung schien daran nichts zu ändern. Die Sonne hätte aufgehen können, die Dunkelheit des Todes wäre in ihr geblieben.

Der, der ihr zum Freund geworden war, war tot. Seinen Leichnam wollte sie noch einmal sehen. Das war ihr zwar kein Trost, aber wenigstens Hilfe in ihrer Trauer. Einmal noch ins Grab schauen. Ihn noch einmal sehen. Am liebsten hätte sie ihn festgehalten und spürte doch, dass das nicht ging.

Wir wissen nicht genau, was damals am frühen Ostermorgen geschehen ist. Wir wissen nur, dass Maria mitten in der Finsternis ihrer Trauer ein Licht aufging, ein Licht, an dem wir seit fast zweitausend Jahren unsere Osterkerze entzünden, ein Licht, das immer noch und immer wieder Hoffnung verbreitet. Möge uns dieses Licht auch in diesem österlichen Festgottesdienst in unser Herz hineinscheinen.

Kyrie: GL 213: Christ ist erstanden von der Marter alle

Der gute Gott erbarme sich unserer Sünden, erbarme sich unserer Sterblichkeit und führe uns zum österlichen Licht, führe uns zum ewigen Leben. Amen.

(alternativ: Kyrie gesprochen)
Herr Jesus Christus,
in deinem Tod und deiner Auferstehung haben wir erfahren,
dass die Liebe Gottes nicht kleinzukriegen ist,
dass die Liebe Gottes bleibt – auch über den Tod hinaus.
Herr, erbarme dich.

Herr Jesus Christus,
du hast die Macht des Todes gebrochen
und bist für uns zum Zeichen der Hoffnung und des Trostes geworden.
Christus, erbarme dich.

Herr Jesus Christus,
dein Leben und Sterben ermutigt uns,
deine Liebe in der Welt zu verkünden in Wort und Tat
und dadurch Grenzen zwischen Menschen zu überwinden.
Herr, erbarme dich.

Der gute und barmherzige Gott erbarme sich unser. Er vergebe uns, wenn wir mutlos sind und ohne Hoffnung. Er öffne uns alle Sinne für seine Botschaft, damit unser Leben davon erfüllt werde. Amen.

Gloria: GL 457, 1–3: Allein Gott in der Höh sei Ehr

Gebet

Gott, unser Vater,
Maria von Magdala ging in jener Nacht ein Licht auf,
ein Licht, das ihr Leben, das das Leben der Welt veränderte.
Wir bitten dich:
Lass dieses österliche Licht in unser Leben hineinscheinen,
dass es uns zur Hoffnung und zur Zuversicht werde,
dass es auch die dunkelsten Momente unseres Lebens hell machen,
dass es uns auch im Moment unseres eigenen Todes leuchten möge.
Darum bitten wir dich durch Jesus Christus,
der zum Licht der Welt geworden ist,
das leuchtet bis in alle Ewigkeit. Amen.

Schriftlesung: Apg 10, 34a.37–43

Zwischengesang: GL 824, 1–3: Heut ist der Tag, vom Herrn gemacht

Evangelium: Joh 20,1.11–18 (Kurzfassung)

(Die hier gewählte Kurzfassung basiert nicht auf dem Lektionar, sondern auf der Erkenntnis der Exegese, dass es sich bei den Versen 2–10 um einen nachträglichen Einschub handelt, der vermutlich damit zu tun hat, dass das erste Auferstehungszeugnis allein durch eine Frau für die damalige patriarchal gesonnene Zeit nur schwer verträglich war. Deshalb hat man den »Jüngerwettlauf« vermutlich später eingeschoben.
Die ursprüngliche Geschichte geht nach dem Vers 1 wohl mit 11 weiter und gibt in sich somit auch einen schlüssigen Zusammenhang. Deshalb wird empfohlen, sie in der »exegetischen Fassung« zu lesen.)

Am ersten Tag der Woche kam Maria von Magdala frühmorgens, als es noch dunkel war, zum Grab und sah, dass der Stein vom Grab weggenommen war. Maria aber stand draußen vor dem Grab und weinte. Während sie weinte, beugte sie sich in die Grabkammer hinein. Da sah sie zwei Engel in weißen Gewändern sitzen, den einen dort, wo der Kopf, den anderen dort, wo die Füße des Leichnams Jesu gelegen hatten. Die Engel sagten zu ihr: Frau, warum weinst du? Sie antwortete ihnen: Man hat meinen Herrn weggenommen, und ich weiß nicht, wohin man ihn gelegt hat. Als sie das gesagt hatte, wandte sie sich um und sah Jesus dastehen, wusste aber nicht, dass es Jesus war. Jesus sagte zu ihr: Frau, warum weinst du? Wen suchst du? Sie meinte, es sei der Gärtner, und sagte zu ihm: Herr, wenn du ihn weggebracht hast, sag mir, wohin du ihn gelegt hast. Dann will ich ihn holen. Jesus sagte zu ihr: Maria! Da wandte sie sich ihm zu und sagte auf hebräisch zu ihm: Rabbuni!, das heißt: Meister. Jesus sagte zu ihr: Halte mich nicht fest; denn ich bin noch nicht zum Vater hinaufgegangen. Geh aber zu meinen Brüdern, und sag ihnen: Ich gehe hinauf zu meinem Vater und zu eurem Vater, zu meinem Gott und zu eurem Gott. Maria von Magdala ging zu den Jüngern und verkündete ihnen: Ich habe den Herrn gesehen. Und sie richtete aus, was er ihr gesagt hatte.

Predigtmeditation zu Maria von Magdala

Zu der Predigtmeditation gehören Bilder.
Viele der Bilder sind selbst fotografiert: z. B. die Grabsteine auf dem Friedhof. Da diese alle einen direkten Bezug zu den Orten haben, an denen ich als Seelsorger

wirke, ist die Betroffenheit bei einer solchen Meditation natürlich eine vollkommen andere, als wenn Bilder von anderen Friedhöfen gewählt werden. Deshalb mein Vorschlag, selbst Fotos auf den Friedhöfen der Gemeinde zu machen und diese Bilder mit in die Meditation einzubeziehen. Auf der CD-ROM finden sie die vorgefertigte Präsentation.

Bild 1 Frau am Brunnen	Über Maria von Magdala weiß man eigentlich nicht viel. Sie kam aus einem kleinen Ort am See Gennesaret. Irgendwann muss sie dort Jesus begegnet sein. Es heißt, er habe sie von sieben Dämonen geheilt. Dämonen – das sind lebensbehindernde Geister. Wir würden heute von psychischen Krankheiten sprechen. Sie ist bei ihm geblieben und ist mit ihm durch das Land gezogen.
Bild 2 Pieta unter dem Kreuz	Während die Jünger nach seiner Verhaftung geflohen sind, ist Maria bis zuletzt geblieben. Sie hat Jesus auch am Kreuz nicht im Stich gelassen. Er war ihr Freund, vielleicht der beste, den sie je hatte.
Bild 3 Kerze	Nun war er tot. Die ganze Nacht hatte sie in der Dunkelheit vor einer Kerze gesessen und um ihn geweint. Immer wieder waren die Bilder früherer Zeiten vor ihren Augen her gezogen. Noch einmal hatte sie sich erinnert, wie liebevoll, wie so ganz anders er mit ihr umgegangen war.
Bild 4 Kreuz	Nun aber war er tot. Noch einmal sah sie vor ihren inneren Augen die schrecklichen Bilder von seinem Tod, bis sie schließlich spürte, dass es Zeit war aufzubrechen, das Haus zu verlassen, zu seinem Grab zu gehen, einen Ort zu haben, an dem sie sich ganz ihrer Trauer hingeben konnte.

Bild 5 Grab	Und so ging sie am frühen Morgen, als es noch finster war, zum Grab. Sie schaute in das Dunkel des Grabes hinein und spürte die Leere: Er ist nicht mehr da. Und sie ließ ihren Tränen freien Lauf, denn sie vermisste ihn sehr.
Bild 6+7 Friedhofs- kapellen von Dagersheim und Darmsheim	So wie Maria gehe auch ich manchmal auf unsere Friedhöfe in Dagersheim und Darmsheim. Auch ich bleibe vor Gräbern stehen und erinnere mich an Menschen aus unserer Gemeinde. Ich denke zurück an manche gemeinsamen Erlebnisse. Ich denke aber auch an die Menschen, die wie Maria traurig sind, weil sie die Verstorbenen vermissen.
Bild 8–26 Grabsteine auf unseren Friedhöfen mit den Namen von Menschen, die zumindest Teile der Gemeinde gekannt haben	Da liegen Menschen begraben, die ihnen sehr nahestanden. Da liegen Omas und Opas, Väter und Mütter, Ehemänner und Ehefrauen, Töchter und Söhne, Freundinnen und Freunde, Schulkameradinnen und -kameraden, Kolleginnen und Kollegen. Menschen, die sehr alt geworden, und Menschen, die schon sehr jung gestorben sind. Von vielen dieser Menschen könnte ich Geschichten erzählen. Manche von ihnen habe ich beerdigt. Sie alle haben eine Lücke, haben Leere hinterlassen in unserer Gemeinde, in ihren Familien, an ihren Arbeitsstätten, in ihren Freundeskreisen. Sie werden vermisst.

Bild 27 Leerer Grabstein	Ein leerer Grabstein, der für die vielen anderen Gräber steht, für die vielen anderen Namen, die uns jetzt in den Sinn kommen.
Bild 28 Mann auf dem Friedhof	Manchmal begegne ich bei meinen Friedhofsgängen auch Menschen, die wie Maria am Grab stehen und in das Dunkel des Grabes hineinschauen. Es fällt mir dann nicht schwer, mir vorzustellen, wie ihnen zumute ist.
Bild 29 Morgendämmerung	Maria steht da und schaut in die Dunkelheit des Grabes. Die Sonne hat noch ganz unscheinbar – Maria hat es noch gar nicht gemerkt – die Dunkelheit vertrieben. Sanft erhellt das Morgenlicht die Nacht.
Bild 30 Maria am Grab (Sieger Köder)	Maria! Rabbuni! Maria wendet sich um. Sie lässt die Dunkelheit des Grabes hinter sich. Ein Licht fällt auf ihr Gesicht, fällt auf ihr Leben. Auf einmal spürt sie es ganz deutlich: Jesus ist nicht tot. Jesus lebt. Auf einmal spürt sie wieder seine Nähe, fühlt sie tief im Herzen: Er ist da! Rabbuni! Am liebsten würde sie ihn festhalten, aber er spricht zu ihr: Maria, du kannst mich nicht festhalten, denn ich bin nun beim Vater.
Bild 31 Sonnenaufgang	Manchmal geht einem mitten in der Dunkelheit ein Licht auf.
Bild 32 Morgenlicht fällt aufs Kreuz	Manchmal fällt auf das Kreuz des Todes das Licht des Lebens.
Bild 33 Bootsfahrer im Morgennebel	Manchmal spüre ich es deutlich: Unsere Toten sind nicht tot. Sie sind in ein anderes Dasein hinübergegangen.

Bild 34 Licht bricht hindurch	Manchmal fühle ich es tief im Herzen: Das Osterlicht ist stärker als das Dunkel des Todes.
Bild 35 Blume	Manchmal sehe ich mit meinen inneren Augen, wie etwas Neues wächst, wie das Leben wieder blüht, …
Bild 36 Blume in der Felsspalte	… wie der harte Stein des Grabes durch die ewig währende Liebe durchbrochen wird.
Bild 37 Bibel	Manchmal ist es ein Wort aus der Bibel, das mich tief berührt, das mir die Seele öffnet, das mich sehen lässt, was man eigentlich nicht sehen kann.
Bild 38 Schmetterling	Manchmal feiere ich mitten am Tag ein Fest der Auferstehung. Auferstehung – Verwandlung in ein neues Dasein – im Tode bei Gott sein.
Bild 39 Frau	Als Maria das am frühen Ostermorgen erlebt hatte, als sie zutiefst gespürt und erfahren hatte, dass seine Liebe nicht tot ist, sondern lebendig, hielt es sie nicht länger am Grab.
Bild 40 Begegnung im Morgenlicht	Sie ging zu den Jüngern und erzählte ihnen alles, was sie gesehen und gehört, was sie erlebt und erfahren hatte. So wurde sie zur ersten Künderin der Osterbotschaft, zur »apostola apostolorum«, zur Apostolin der Apostel, wie der hl. Augustinus einmal gesagt hat.
Bild 41 Grablicht	Auch wir verkünden den Menschen, was wir glauben und hoffen. Unsere Gräber sind mit vielen Symbolen und Zeichen geschmückt, die davon künden, dass das österliche Licht die Dunkelheit des Todes durchbricht:
Bild 42 Osterglocken	Die Osterglocken, die auf vielen Gräbern blühen.

Bild 43 Spirale auf Grabstein	Die Spirale als das Zeichen dafür, dass unser Leben ein Ziel hat.
Bild 44 Baum auf Grabstein	Der Baum, das Symbol der Sehnsucht, die Zweige ausstreckend nach Gott, ausstreckend danach, über den Tod hinaus zu wachsen.
Bild 45 Grabstein mit Inschrift	Worte, die auf den Grabsteinen stehen. »Finis vitae – non finis amoris.« Das Ende des Lebens, aber nicht das Ende der Liebe.
Bild 46 Der gute Hirte – Grabskulptur	Der Gute Hirt, der zu uns spricht: Meine Schafe hören meine Stimme, und ich kenne sie. Sie folgen mir, und ich gebe ihnen das ewige Leben. Sie werden nimmermehr umkommen, und niemand wird sie mir aus meiner Hand reißen. (Joh 10, 127–28)
Bild 47 Maria am Grab (Sieger Köder)	*(Im Hintergrund könnte man nun das Lied »Only if« von Enya von der CD »Paint the sky with stars« laufen lassen.)* Oder wir hören ein Lied, das unserer Hoffnung Ausdruck gibt, wie z. B. dieses Lied der irischen Sängerin Enya: When there's a shadow, you reach for the sun. Auch wenn da ein Schatten ist, du wirst die Sonne erreichen. When there is love, then you look for the one. Wenn da Liebe ist, dann schau nach dieser einen. And for the promises, there is this land. Und auf die Verheißungen hin, sei gewiss: Da wird ein Land sein. And for the heavens are those who can fly. Und auf die Himmel hin sind die offen, die fliegen können. If you really want to, you can hear me say Wenn du wirklich willst, kannst du mich reden hören. Only if you want to will you find a way.

> Nur wenn du wirklich willst,
> wirst du einen Weg finden.
> If you really want to you can seize the day.
> Wenn du wirklich willst,
> kannst du den Tag ergreifen.
> Only if you want to will you fly away.
> Nur wenn du willst, kannst du wegfliegen.
> For the broken heart, there is the sky.
> Für das gebrochene Herz gibt es einen Himmel.
>
> *(Text von Roma Ryan)*

Dass es für das gebrochene Herz
einen Himmel gibt,
diese Erfahrung hat Maria
an jenem Ostermorgen gemacht.

Großes Glaubensbekenntnis: GL 356

Fürbitten

Guter Gott,
die Auferstehung deines Sohnes ist der entscheidende Grund unseres Glaubens. Er ist das Licht, das uns leuchtet auch in den dunklen Stunden unserer Lebenszeit und Geschichte. Deshalb bitten wir dich:

- Für alle Christen auf dieser Welt: Verankere den Glauben an die Auferstehung tief in unseren Herzen, damit wir daraus die Kraft schöpfen, auch durch schwere Zeiten hindurchzugehen.
- Für alle Menschen, die in Politik und Wirtschaft Verantwortung für andere Menschen tragen: Lass sie nicht an die Macht des Geldes, sondern an die Macht der Liebe glauben.
- Für alle Notleidenden in dieser Welt: Lass sie deine Liebe spüren und Menschen finden, die sich um sie kümmern und bemühen.
- Für alle, die nur noch weg wollen von Orten schmerzlicher Erinnerung: Lass sie Abstand finden und heile die Wunden ihrer Vergangenheit.
- Für alle, die dich suchen auf ihrem Weg: Lass sie dich entdecken in den Worten der Heiligen Schrift, im Rückblick auf ihr Leben und beim Brechen des Brotes.

- Für alle Trauernden: Lass sie wie Maria von Magdala die Hoffnung und den Glauben finden, dass ihre Toten nicht tot sind, sondern leben bei dir.

Denn du, guter Gott, führst uns von der Trauer zur Freude, aus dem Dunkel ins Licht, vom Tod zum Leben. Dafür danken wir dir heute und alle Tage unseres Lebens bis in Ewigkeit. Amen.

Lied zur Gabenbereitung: GL 221,1–3 Halleluja

Gebet

Guter Gott,
Brot und Wein stehen auf unserem Tisch,
das österliche Mahl ist uns bereitet.
Das letzte Abendmahl war nicht das letzte Mahl,
es ist uns zur Verheißung geworden,
dass wir immer wieder deine österliche Gegenwart erfahren dürfen.
So bitten wir dich:
Öffne nun all unsere Sinne für das,
was in Brot und Wein geschieht.
Darum bitten wir durch Jesus Christus,
unseren Bruder und auferstandenen Herrn. Amen.

Präfation

Sanctus: GL 469: Heilig ist Gott in Herrlichkeit

Hochgebet – Vaterunser – Friedensgruß – Agnus Dei – Kommunion – Stille

Danklied: GL 218,1–6: Gelobt sei Gott im höchsten Thron

Gebet

Gott, unser Vater,
Maria von Magdala ist ein Licht aufgegangen.
Sie hat gespürt: Jesus ist nicht tot. Er lebt.
Seine Liebe ist in ihr so lebendig,
dass sie sie hinausträgt in die Welt.
Ihre Botschaft wanderte seitdem durch die Zeiten
zu den verschiedensten Menschen aller Kontinente.
Jesus ist nicht tot. Seine Liebe lebt.
Lass sie auch in unseren Herzen lebendig sein.
Darum beten und bitten wir durch Jesus Christus,
unseren Herrn und Bruder. Amen.

Segen – Entlassung

Herr, unser Gott,
mit Maria von Magdala,
die als Erste den Aposteln das österliche Geheimnis kündete,
sendest du uns unter die Menschen,
an das Leben zu glauben mitten im Tod,
die Hoffnung an den Himmel zu malen mitten in aller Depression,
die unvergängliche Liebe Jesu in die Welt zu tragen in Wort und Tat.
Segne uns dazu.

So segne uns Gott, der Vater, der Sohn und der Heilige Geist. Amen.

Schlusslied: GL 817,1–3: Halleluja lasst uns singen

15. Aufstehen zur Auferstehung – Ostermontag

Eingangslied: GL 668, 1–4: Morgenglanz der Ewigkeit

Liturgische Begrüßung – Einführung

Der in der Diözese Mailand lebende Seelsorger und Schriftsteller Luigi Pozzoli hat gesagt:

»Wer kennt das nicht: Augenblicke, in denen man nicht mehr weiß, warum man überhaupt noch weitergeht, geschweige denn wohin.« Das trifft sehr gut die Situation, in der sich die Emmaus-Jünger nach dem Tod Jesu befunden haben. »Sie waren wie mit Blindheit geschlagen« übermittelt uns der Evangelist Lukas. Ihr Weg hatte kein Ziel, ihr Leben keine Perspektive mehr. Sie waren auf dem Weg zurück nach Emmaus, aber dem Gefühl nach ging ihr Weg ins Nichts.

Und dann ist etwas passiert, was ihnen Augen und Herz aufgehen ließ. Und sie gehen den weiten Weg nach Jerusalem zurück, um den anderen und damit auch uns davon zu künden. Und so wollen wir ihre Frohe Botschaft an diesem Ostermorgen im Gottesdienst feiern, zugleich aber auch das Brot brechen, wie sie es mit Jesus getan hatten, als ihnen Augen und Herz aufging.

Kyrie

Herr Jesus Christus,
du hast den Emmaus-Jüngern die Augen geöffnet,
hast ihnen mitten in Trauer und Hoffnungslosigkeit
eine Perspektive geschenkt.
Herr, erbarme dich.

Herr Jesus Christus,
du hast den Emmaus-Jüngern das Herz geöffnet
für die Worte der Heiligen Schrift.
Christus, erbarme dich.

Herr Jesus Christus,
du hast dich den Emmaus-Jüngern im Brechen des Brotes offenbart,
hast deine unsichtbare Wirklichkeit
unter ihnen Gegenwart werden lassen.
Herr, erbarme dich.

Der gute und barmherzige Gott erbarme sich unser. Er nehme von uns alle Schuld. Er stärke uns, wenn wir mutlos sind und führe uns zu einem Leben in Glauben und Hoffnung. Amen.

Gloria: GL 218,1.4–6: Gelobt sei Gott im höchsten Thron

Gebet

Lebendiger Gott,
an Ostern feiern wir das Geheimnis unseres Glaubens,
das Geheimnis deiner unerschöpflichen Liebe,
die sich im Tod deines Sohnes offenbart,
das Geheimnis des ewigen Lebens,
das uns aufleuchtet in der Auferstehung unseres Herrn.
Lass unsere Herzen aus diesem Geheimnis zehren,
lass es zur Kraftquelle unseres ganzen Lebens werden.
Darum bitten wir durch Jesus Christus,
unseren Bruder und Herrn. Amen.

Schriftlesung: 1 Kor 15,1–8.11

Zwischengesang: GL 223,1.4.5: Wir wollen alle fröhlich sein

Evangelium: Lk 24,13–35

Predigt: Aufstehen zur Auferstehung

I. Eine seelsorgerliche Sternstunde
Manchmal, wenn ich erzähle, dass ich eine Beerdigung halten muss, schauen mich Menschen bedauernd an: »Das ist bestimmt eine unangenehme Arbeit.«

Ich antworte meistens: »Sie werden es vielleicht nicht glauben, aber Menschen bei einer Beerdigung, in dieser Zeit des Abschieds und der Trauer zu begleiten, ist die vielleicht wertvollste Aufgabe meiner Berufstätigkeit, die zwar nicht leicht ist, die mir aber dennoch viel Freude bereitet. Ich spüre wie bei keiner anderen Tätigkeit die Dankbarkeit der Menschen. Und wenn es mir gelungen ist, Menschen auf diesem Weg durch die Trauer hindurch wieder einer Perspektive zu schenken, dann sind das die Sternstunden meines Seelsorgerdaseins.«

Vor einigen Jahren hatte ich einmal eine besonders schwere Trauerfeier für einen 22-jährigen jungen Mann, der bei einem Autounfall ums Leben gekommen war. Seine Freundin gleichen Alters war im wahrsten Sinne des Wortes zu Tode verzweifelt. Sie versuchte sich ein paar Tage später das Leben zu nehmen und war dann lange Zeit in einer psychiatrischen Klinik. Immer wieder besuchte ich sie. Später kam sie zu mir ins Pfarrbüro. Bei einem unseren letzten Gespräche, zwei Jahre nach dem Tod ihres Freundes, sagte ich ihr: »Sie werden wieder zum Leben finden. Vielleicht werden sie gar wieder jemand kennenlernen.« Sie schaute mich damals mit ungläubigen Augen an.

Fast vier Jahre später erhielt ich eine E-Mail von ihr: Sie hat einen jungen Mann kennengelernt, und sie möchten im nächsten Jahr heiraten. Nach den schweren Zeiten, in denen sie selbst nicht mehr leben wollte, war das für mich geradezu eine Auferstehungserfahrung. Sie hat ins Leben zurückgefunden, dazu einen liebenswerten jungen Mann, der die Trauer um ihren verstorbenen Freund immer respektiert hat.

Als die beiden dann heirateten, war auch ich zu Tränen gerührt. Eine Sternstunde meines seelsorglichen Daseins. Menschen durch die Trauer begleiten zu dürfen, kann etwas zutiefst Beglückendes sein.

II. Durch die Trauer hindurch
Das heutige Evangelium ist für mich geradezu eine Anleitung, wie wir Menschen durch die Trauer hindurch begleiten können, was Menschen in ihrer Trauer brauchen.

Die beiden Emmaus-Jünger sind auf einem solchen Weg der Trauer. Sie hatten gehofft, dass Jesus der sei, der Israel erlösen werde. Und nun war er tot. Sie trauern um den Menschen Jesus von Nazaret, der ihnen nahe war. Sie trauern aber auch um die Hoffnung, die durch seinen Tod in ihnen verloren gegangen ist.

Da kommt Jesus hinzu und geht mit ihnen. Er sagt zunächst nicht viel. Er geht einfach mit. Die Nähe eines Menschen zu spüren, der nicht vor meiner Trauer flieht, der nicht mit leeren Trostsprüchen meine Trauer wegreden will, der meine Tränen aushält – das brauchen sie jetzt.

Bei einem Gottesdienst in der Einsiedelei des Franziskus oberhalb von Assisi brach einmal eine Reiseteilnehmerin in Tränen aus. Hier war sie einst mit ihrem Mann gewesen, der vor ein paar Monaten an Krebs gestorben war. Schweigend ging ich mit ihr, der die Tränen über das Gesicht liefen, den Weg zurück nach Assisi. Wochen später schrieb sie mir eine Karte und bedankte sich, dass ich nichts gesagt hatte, einfach nur bei ihr geblieben bin und ihre Tränen ausgehalten habe. Da sein – manchmal auch ohne Worte –, den anderen in seiner Trauer aushalten – das ist in dieser Phase am wichtigsten, auch wenn wir uns dabei manchmal hilflos fühlen.

Jesus geht mit den Emmaus-Jüngern, die – so beschreibt es uns Lukas – »wie mit Blindheit geschlagen« sind. In dieser Phase sehen Trauernde nicht über den Horizont ihrer Trauer hinaus. Manchmal wundern sich Menschen, dass Trauernde bestimmte Dinge nicht wahrnehmen. Aber Trauernde sind in diesem Moment unbeholfen, gelähmt, blind, wie vor den Kopf geschlagen. Sie sind in ihren Tränen, in ihrer Verzweiflung gefangen.

Jesus stößt dann irgendwann mit einer einfachen Frage das Gespräch an: »Was sind das für Dinge, über die ihr auf eurem Weg miteinander redet?« Jesus stößt an, dass die beiden selbst erzählen, was sie bewegt, welche Nöte und Fragen ihnen auf dem Herzen liegen, was ihnen an Erinnerungen im Sinn ist. Jesus lässt sie erzählen und hört zu. Nach einer Phase des Schweigens tut es gut, erzählen zu dürfen, Bilder und Lebensmomente, die wir mit dem Verstorbenen erlebt haben, noch einmal wachzurufen, Gefühle, die uns mit dem Verstorbenen verbinden, beim Namen zu nennen.

Erst dann, nach einer langen Phase des Zuhörens, kommt irgendwann der Moment, in dem Jesus eingreift, in dem er die Gefühle und Erinnerungen deutet, indem er den beiden hilft zu verstehen, was sie da erlebt haben. Manchmal spürt man dann, wie es Menschen guttut, wenn man ihnen Impulse gibt, in welche Richtung sie weiter denken und gehen können.

Am Ende des Weges steht eine Symbolhandlung, das Brechen des Brotes, wie es einst Jesus beim Abendmahl getan hat. Am Ende steht ein Ritus, der von solcher Tiefe ist, dass den beiden die Augen aufgehen, dass sie erkennen, dass er nicht tot ist, sondern lebt, dass ihre Hoffnung nicht verloren ist, sondern weiterlebt. Solche Momente, solche Auferstehungserfahrungen haben wir nicht in der Hand. Das können wir nicht produzieren oder inszenieren. Sie werden uns von Gott geschenkt.

III. Vorweggenommen in ein Haus aus Licht
Der Weg der Emmaus-Jünger macht Trauernden Mut, diesen Weg durch die Trauer hindurch zu gehen, der Trauer nicht zu entfliehen, sie wegzuschieben oder zu verdrängen. Er macht aber auch Mut, Menschen in ihrer Trauer nicht allein zu lassen, auf diesem Weg zu begleiten, denn auch der, der mitgeht, wird dadurch in die Tiefe seines Seins finden, wird dadurch selbst beglückende Erfahrungen machen.

Eine Frau, die diesen Weg durch die Trauer hindurch mit großer Intensität gegangen ist, war die Dichterin Marie Luise Kaschnitz. In Gedichten reflektierte sie in den Jahren 1958 bis 1961 den Tod ihres Mannes. Eines der für mich schönsten Gedichte, das sie dabei schrieb, ist das Gedicht »Auferstehung«:

Manchmal stehen wir auf
Stehen wir zur Auferstehung auf
Mitten am Tage
Mit unserem lebendigen Haar
Mit unserer atmenden Haut.

Nur das Gewohnte ist um uns.
Keine Fata Morgana von Palmen mit weidenden Löwen
Und sanften Wölfen.

Die Weckuhren hören nicht auf zu ticken
Ihre Leuchtzeiger löschen nicht aus.

Und dennoch leicht
Und dennoch unverwundbar
Geordnet in geheimnisvolle Ordnung
Vorweggenommen in ein Haus aus Licht.

(Marie Luise Kaschnitz: Überallnie. Ausgewählte Gedichte 1928–1965
© 1965 Claasen Verlag in der Ullstein Buchverlage GmbH, Berlin)

Mitten in dieser Zeit, mitten in diesem Leben, mitten in unserem Alltag spüren zu dürfen, dass wir vorweggenommen sind in ein Haus aus Licht

– diese Erfahrung wünsche ich allen Trauernden, aber auch allen, die Menschen in ihrer Trauer begleiten. Diese Erfahrung ist von solcher Intensität, dass man noch am selben Abend wieder nach Jerusalem zurückgeht, um den andern davon zu erzählen. Amen.

Großes Glaubensbekenntnis: GL 356

Fürbitten

Jesus ist nicht tot. Er lebt. So haben es die Emmaus-Jünger erfahren. Als sie losgingen, waren sie voll Trauer und Schmerz wie auch viele Menschen in unseren Tagen. Wenn wir aber glauben, dass Jesus den Tod bezwungen hat, gibt es auch heute Hoffnung für alle Traurigen, Verlassenen und Mutlosen. Lasst uns darum zu Gott beten:

- In der Schule oder am Arbeitsplatz verlieren wir manchmal die Lust und Motivation und werden verzweifelt und mutlos wie die Emmaus-Jünger. Schenke uns dann Kraft, wie du sie einst den Emmaus-Jüngern geschenkt hast, die den ganzen Weg nach Jerusalem zurückgehen konnten.
- In vielen Familien trennen sich Väter und Mütter und die Kinder fühlen sich verlassen. Schenke ihnen wie den Emmaus-Jüngern mitten in ihrer Traurigkeit und Einsamkeit etwas von deiner österlichen Lebensfreude.
- Viele Menschen sind krank und so verzweifelt, dass sie nicht mehr an eine Besserung glauben möchten. Schenke ihnen wie den Emmaus-Jüngern Hoffnung mitten in der Verzweiflung. Schenke ihnen Mut zum Leben.
- Durch den Tod eines lieben Menschen kommt über Angehörige und Freunde Dunkelheit und Trauer. Schenke ihnen wie den Emmaus-Jüngern den Glauben, dass der Tod nicht das letzte Wort hat, dass unsere Toten in der Liebe und Geborgenheit Gottes leben dürfen.

Denn du, Gott, schenkst allen, die an deine Auferstehung glauben und sich in Liebe begegnen, ein Leben, das nicht mit dem Tod aufhört. Du lässt sie ewig leben in deiner Herrlichkeit durch Jesus Christus, deinen Sohn, unseren Herrn. Amen.

Lied zur Gabenbereitung: GL 546,1.5.7: Gottheit tief verborgen

Gebet

Herr und Gott,
dein Sohn Jesus stand den Emmaus-Jüngern in ihrer Trauer zur Seite.
Er hat mit ihnen das Brot gebrochen
als Zeichen des Glaubens und der Hoffnung,
dass der Tod keine Macht über ihn behalten hat.
So wie die Emmaus-Jünger in jenem Mahl seine Nähe erfahren durften
und du sie aus dem Dunkel ins Licht geführt hast,
so lass auch uns nun das Geheimnis unseres Glaubens feiern
und aus diesem Mahl Kraft und Hoffnung schöpfen
für unseren Lebensweg.
Darum bitten wir durch Jesus Christus,
der für uns gestorben und auferstanden ist. Amen.

Präfation

Sanctus: GL 875: Heilig bist du, großer Gott

Hochgebet – Vaterunser – Friedensgruß – Agnus Dei – Kommunion – Stille

Danklied: GL 269,1–4: Nun saget Dank und lobt den Herren

Gebet

Gott, unser Vater,
den Emmaus-Jüngern brannte das Herz,
als Jesus mit ihnen redete und ihnen den Sinn der Schrift erklärte.
Lass auch unsere Herzen brennen,
nachdem du dein Wort zu uns gesprochen hast,
nachdem du uns in Brot und Wein begegnet bist,
damit auch wir fähig werden,
die österliche Freude unter den Menschen weitergeben zu können,
den Glauben an Jesus Christus, unseren auferstandenen Herrn. Amen.

Segen – Entlassung

Herr, unser Gott,
gehen und nicht stehen bleiben;
gehen und der Verzweiflung Worte geben;
gehen – trotz aller Blindheit;
gehen, auch wenn uns die Perspektiven fehlen.
Gehen und der Zukunft und dem Leben trauen,
denn du gehst mit uns.
Deshalb bitten wir dich um deinen Segen:

Der Herr, der mit uns auf dem Weg ist, segne und behüte uns.
Der Herr, der unsere Dunkelheiten kennt,
lasse sein Antlitz über uns leuchten und sei uns gnädig.
Der Herr, der uns das Brot bricht,
wende uns sein Antlitz zu und schenke uns seinen Frieden. Amen.

So segne uns Gott, der Vater, der Sohn und der Heilige Geist. Amen.

Schlusslied: GL 818,1-4: Christus ist erstanden